新曲綫 | 用心雕刻每一本……
New Curves

http://site.douban.com/110283/
http://weibo.com/nccpub

用心字里行间　雕刻名著经典

商务印书馆（成都）有限责任公司出品

儿童的社商

奠定关系和语言的基石

〔英〕托妮·巴肯 著

刘文 译

商务印书馆

2025年·北京

The Social Child: Laying the Foundations of Relationships and Language

Toni Buchan

ISBN 978-0-415-52343-1

Copyright © 2013 by Toni Buchan.

Authorized translation from English language edition published by Routledge, part of Taylor & Francis Group LLC; All rights reserved.

The Commercial Press is authorized to publish and distribute exclusively the Chinese (Simplified Characters) language edition. This edition is authorized for sale throughout Mainland of China. No part of the publication may be reproduced or distributed by any means, or stored in a database or retrieval system, without the prior written permission of the publisher.

Copies of this book sold without a Taylor & Francis sticker on the cover are unauthorized and illegal.

本书原版由Taylor & Francis出版集团旗下Routledge出版公司出版，并经其授权翻译出版。版权所有，侵权必究。

本书中文简体翻译版授权由商务印书馆独家出版并限在中国大陆地区销售。未经出版者书面许可，不得以任何方式复制或发行本书的任何部分。

本书封面贴有Taylor & Francis公司防伪标签，无标签者不得销售。

译者序

学前教育是重要的社会公益事业，关系到国家、社会、家庭和个人发展的方方面面。党的十八大以来，通过扩资源、保普惠、建机制、提质量，我国学前教育事业取得了跨越式发展。2018年，中共中央、国务院印发了《关于学前教育深化改革规范发展的若干意见》，这是新中国成立以来第一次以党中央国务院名义专门印发来推进学前教育改革发展的重要文件，明确了学前教育改革发展的前进方向，具有重要意义。2020年，《中华人民共和国学前教育法草案（征求意见稿）》强调，要构建覆盖城乡、布局合理、公益普惠的学前教育公共服务体系，从国家层面保障学前儿童的受教育权。2021年，教育部等九部门颁布的《"十四五"学前教育发展提升行动计划》，把实现学前教育普及普惠安全优质发展作为提高普惠性公共服务水平、扎实推进共同富裕的重大任务。教育部的数据显示，2021年，全国学前教育毛入学率为88.1%，比 2012 年的毛入学率提高了 23.6%。学前教育中的入园难、入园贵的问题得到有效缓解，学前教育实现了基本普及目标，开始迈入全面提升质量的新阶段。2021 年 9 月，国务院印发的《中国儿童发展纲要（2021—2030）》明确提出，要增强儿童心理健康服务能力，提升儿童心理健康水平。2022 年 1 月 1 日开始实施的《中华人民共和国家庭教育促进法》，为促进未成年人全面健康成长，对其实施道德品质、身体素质、生活技能、文化修养、行为习惯等方面的培育、引导和影响提供了法律保障。学前教育也因此驶入高质量发展的快车道。2024 年 5 月 20 日至 6 月 20 日是第十三个全国学前教育宣传月，其主题是"守护育幼底线，成就美好童年"，旨在让广大家长了解教师是如何守护孩子的身心健康的。同年 7 月，《中共中央关于进一步全面深化改革、推进中国式现代化的决定》全文发布，这份纲领性文件覆盖了推进中国式现代化的方方面面，重点部署了未来五年的重大改革举措，其中特别提到了健全学前教育、特殊教育、专门教育的保障机制。

充分理解儿童的发展是提升学前教育质量的核心。20 多年前我兼任幼儿园园长时，在幼儿园门口，经常能看到或听到许多小朋友反复跟自己的家长说"早点来接我啊"；尤其是小班的许多小朋友，与家长依依不舍，甚至哭着走进幼儿园，看着真是令人心痛。于是我开始思考，如何才能让孩子们喜欢去幼儿园和上学呢？著名的教育家苏霍姆林斯基曾说："孩子们在学习的最初日子里，怀着多么激动的心情跨进学校门槛，怀着多么深切的信任注视着老师的眼睛！为什么往往几个月之后，甚至几周之后，他们眼神中的光彩便会消逝？为什么学习对于某些孩子来说会变为苦恼？童年是人生最重要的时期，这不是对未来生活的准备时期，而是真正的、灿烂的、独特的、不可重现的一种生活。"我们学前教育的质量亟待提高！

摆在我们面前的这套丛书，就是我们理解儿童的基石。当初，北京新曲线公司的赵延芹编辑亲自到大连来约我翻译这套丛书，我当时并未立即答应。但是，当我翻阅完四本英文原书，不由得眼前一亮，这不正是我多年来一直在寻找的科学研究与科学普及之间联系的桥梁吗？真可谓"踏破铁鞋无觅处，得来全不费工夫"啊！翻阅这套丛书，有一种引人入胜、发人深省、不忍释卷的冲击感觉。因此，我欣然应允这份翻译工作。衷心希望我国的广大幼儿园教师和小学教师能够读读这套丛书，助力他们更好地理解儿童发展，与儿童进行更为有效的沟通，进而让孩子们喜欢上幼儿园、喜欢上学，为提升基础教育质量奠定基础、提供抓手。

正如作者介绍的那样，这套丛书详细地介绍了儿童发展的四条主线——身体发育、认知发展、情绪发展、社会性发展，其宗旨是为学前教育工作者提供他们所需的儿童发展知识以及对这些知识的理解，以便他们制定出具备儿童发展适宜性的教学方案。每本书围绕一条主线，清晰地将理论与日常实践联系起来，解释了儿童早期教育工作具有独特教学方式的缘由，以及儿童早期教育工作者向儿童提供学习经验的方式和方法，从而帮助孩子们成为有能力、有热情的主动学习者。

《儿童的智商：奠定理解和能力的基石》（原译名《儿童的思维：奠定理解和能力的基石》）全面系统地探讨了儿童的认知和智力发展的关键原则，并描述了儿童的日常实践活动。本书清楚地解释了儿童用以获取新知识的认知策略，以及认知发展的里程碑，诸如符号表征、记忆、想象、元认知和创造力，其中包括对大脑如何加工信息的研究。另外，本书还阐述了有效学习的关键特征，并展示了游戏是如何成为儿童获取新知识、巩固其新萌芽的想法与概念的主要认知机制的。作者将这些特征应用于儿童早期教育实践所取得的经验，可有效指导教师思考如何去做以及如何做得更好。

《儿童的体商：奠定主动学习和身体健康的基石》（原译名《儿童的成长：奠定主动学习和身体健康的基石》）通过对儿童日常生活的描述，全面讨论了儿童身体发育的重要原则。作者详尽地探讨了涉及身体发育的所有方面，包括锻炼、饮食、睡眠及其对儿童全面发展的影响。本书还阐述了学习的核心特质，诸如毅力、决心、信心、责任、勇气和好奇心,并阐述了身体游戏是如何帮助儿童发展组织技能、团队合作能力、风险管理能力、交流能力和提升自尊的。本书向儿童早期教育工作者展示了如何运用这方面的知识,为提升儿童的健康水平和学习幸福感提供了机会。

《儿童的社商:奠定关系和语言的基石》(原译名《儿童的社会化:奠定关系和语言的基石》)通过对日常实践的描述,全面讨论了儿童社会性发展的关键原则。其宗旨是能够让读者深入了解儿童的社交技能和人际关系的发展,以及他们对沟通和语言的探索。本书还论述了发展儿童真诚的、信任的和互惠的人际关系的重要性,并揭示了儿童社会化的内在动力的滋养和支持机制。作者强调,游戏对于发展儿童的人际关系和语言能力极为重要,而且还是巩固儿童社交技能发展的基础。本书有助于儿童早期教育工作者了解如何用这些理论知识来培养儿童的沟通和社交技能。

《儿童的情商:奠定自信和韧性的基石》(原译名《儿童的情感:奠定自信和韧性的基石》)系统讨论了儿童情感和行为发展的关键原则,描述了与之相关的日常实践。作者清晰地解释了早期经验如何影响儿童在不同的情景下的特定行为,阐述了有效学习的关键特征,并论证了游戏如何会成为儿童探索自身和身边环境的重要途径。

这套丛书对儿童四个主要的发展领域分别进行了深入的研究和阐述，四本书各自单独成册，分别论述儿童发展的一个方面，实际上它们又是相互联系、不可分割的一个整体。这套丛书是基于《英国国家早期教育纲要》法定框架而编写的。2008年，英国正式颁布并实施了《英国国家早期教育纲要》法定框架，这是英国早期教育领域中的里程碑式文件，该框架历经五次修订和完善，逐步形成了贯通0~5岁儿童的发展领域、教学指导策略、阶段评估办法等整体性体系。

最新版的法定框架于2023年12月8日颁布，2024年1月4日开始实施。在最新版法定框架的第Ⅰ部分内容中，将"儿童的学习与发展"划分为七大领域：交流与语言，个性、社会性与情绪发展，身体发育，读写能力，数学能力，理解世界的能力，表达艺术与设计。其中前三个领域为基础领域，后四个领域为特定领域，七大领域共涉及17条早期学习目标，这些目标是评估英国0~5岁儿童发展状况的重要参考。

由于这套书不同程度地体现或反映了《英国国家早期教育纲要》法定框架之前版本中第Ⅰ部分的内容，出版社特将最新版中的这部分内容整理并附书后，方便读者朋友参考。同时，也呼吁和期待我国《幼儿园教育指导纲要（试行）》的最新版纳入托幼一体化的内容，并尽快出台。

这套丛书的译者多为年轻教师和博士生，有些也在译书过程中顺利毕业成长为大学教师。具体分工如下：《儿童的智商：奠定理解和能力的基石》，张珊珊、于增艳译；《儿童的体商：奠定主动学习和身体健康的基石》，张雪、李志敏译；《儿童的社商：奠定关系和语言的基石》，刘文译；《儿童的情商：奠定自信和韧性的基石》，董昕、刘文译。最后，整套丛书由刘文审校和定稿，陈楠博士、于腾旭博士、王薇薇等人参与了图书翻译的前期准备工作，在此一并致谢！

最后，特别要感谢北京新曲线出版公司的领导和赵延芹编辑，正是由于他们的不懈努力、辛勤付出以及精益求精的精神，才有了这套丛书的诞生。特别是经过慎重考虑后对主书名的更改，不仅有科学依据，刷新了我们很多观念，而且也更易于广大儿童早期教育工作者和家长理解。希望这套丛书的出版对致力于儿童心理与教育的工作者、研究人员和家长有所帮助，进而有利于提升儿童的智商、体商、社商和情商。欢迎各界人士提出宝贵意见和建议！

刘文

2024 年暑假于大连

丛书简介

深刻理解儿童的发展，是做好早期教育实践的核心和根本。这套令人兴奋的丛书由四本构成，每一本都详细介绍了儿童发展的一条主线，分别为身体发育、认知发展、情绪发展、社会性发展。丛书的宗旨是为儿童早期教育工作者提供必备的知识，以及对知识的深刻理解，助其制定具备发展适宜性的工作方法。每本书均清晰地将相关理论与日常实践联系起来，解释了儿童早期教育工作者为何会采用特定的方式教学，呈现了他们如何向儿童提供学习经验，帮助孩子成为有能力且热情的学习者。虽然该丛书的每一本只对四个主要发展领域其中之一进行深入研究和介绍，但它也清晰地表明，这四个发展领域实际上是相互交织、不可分割的。

该丛书的四本书分别是：

《儿童的社商：奠定关系和语言的基石》

(*The Social Child: Laying the Foundations of Relationships and Language*)

托妮·巴肯（Toni Buchan）

《儿童的体商：奠定主动学习和身体健康的基石》

(*The Growing Child: Laying the Foundations of Active Learning and Physical Health*)

克莱尔·史蒂文斯（Clair Stevens）

《儿童的智商：奠定理解和能力的基石》

(*The Thinking Child: Laying the Foundations of Understanding and Competence*)

帕梅拉·梅（Pamela May）

《儿童的情商：奠定自信和韧性的基石》

(*The Feeling Child: Laying the Foundations of Confidence and Resilience*)

玛丽亚·罗宾逊（Maria Robinson）

本书简介

什么有助于年幼儿童发展熟练的社交技能？儿童早期与他人的关系和社会互动如何影响其未来的情绪韧性和幸福？

《儿童的社商：奠定关系和语言的基石》一书全面系统地讨论了儿童社会性发展的关键原则，描述了他们的日常实践活动，旨在引导读者深入理解儿童所发展的社交技能和人际关系，以及他们在人际沟通和语言方面的探索。

本书探索了年幼儿童发展真诚的、信任的和互惠的关系的重要性，并向我们展示了如何培养和支持儿童社会化的内在动力。贯穿全书，作者始终强调游戏对发展儿童的关系和语言技能的重要性，寄希望以此帮助儿童早期教育工作者：

- 理解那些帮助或阻碍年幼儿童基本社会化进程的因素；
- 为年幼儿童练习刚刚萌发的语言和交流技能创设安全的、无条件接纳的心理和物理环境；
- 通过有效的观察和计划来反思他们自己的教学方法，从而提高他们对儿童社交尝试的接纳度；
- 在保持年幼儿童家庭价值观的同时，鼓励父母和照护者帮助并支持儿童在家中的学习；
- 欣然接纳每个儿童的独特性，并为每个孩子提供符合其特殊学习需求的学习体验，包括身体的、情绪的和认知的，从而确保每个儿童都有平等的机会获得成功。

本书通俗易懂，不仅强调了理解那些支持儿童社会性发展的理论的重要性，而且也向儿童早期教育工作者展示了他们如何运用这些知识为儿童提供学习机会，以培养其刚刚萌发的交流和社交技能。

作者简介

托妮·巴肯，毕业于英国坎特伯雷基督教会大学教育学专业，一直从事儿童早期教育与发展的教学工作。

致 谢

为了我们迄今为止共同的生活经历，我要将此书献给我的母亲。

我要感谢帕梅拉·梅坚定的信念、热情以及给予我的支持，尤其是在我写作本书期间。我还要感谢约翰·梅的耐心、善意以及随时备好的午餐。感谢他们为我提供了安静的写作空间。

同时，我也要感谢我的丈夫斯图尔特默默给予我的无条件支持；感谢我的两个儿子康纳和路易斯，他们给我以及其他共同生活的人带来了无尽的欢乐；感谢我的母亲对我家所有人的照顾。

感谢所有的儿童及其家长允许我使用那些珍贵的照片，他们愿意与我分享他们的故事并同意我在书中引用。但是，我最想感谢的是孩子们，他们用自己的眼睛来观察这个世界，不断地激发出无数的闪光时刻，并且告诉我们理论是如何在实践中产生的。

目 录

丛书序言　27

本书序言　35

第 1 章　创设情境　39

　　什么是社会化　42

　　我们为什么要社会化　43

　　乐于社交　45

　　选择社交　47

　　关　系　48

　　与自我的关系　49

　　与朋友的关系　51

　　交流和语言　52

关系和语言　54

更广阔的世界　55

第2章　游戏、模仿与探索　　　　　　　　　　61

利用模仿来发展关系　64

社会化情绪回应　66

社交语言　68

模仿和学徒期　70

相关理论　71

谁来教儿童如何玩游戏　73

爱的语言　75

挑战和困境　80

第3章　主动学习：学会社交　　　　　　　　　　83

安全关系的折射　85

刘易斯星球　86

靠自己的双脚站立　88

充满热情　88

游戏：支持性作用　89

非言语交流　91

读懂游戏的信号和模式　91

行为风险　93

学会自我调节情绪　94

理解的转变　96

社交中的亲近感　97

发展的步伐和节奏　99

"可怕的两岁"对谁而言是可怕的　100

社交性进餐　101

改变的益处　102

第4章　创造社交语言　　　　　　　　　　105

允许练习　107

社会参照　108

词　意　109

儿童的叽叽喳喳声　111

对话的语境　112

发现乐趣　113

相关理论　114

社交游戏技能　115

重要的社交语言技能　118

倾听的语言 120

替儿童发声 122

挑战和困境 124

第 5 章　观察儿童谈话　　　127

社交安全区 129

友谊的表面价值 130

社会客体 133

练习假装 134

群体的吸引力 136

偶然的朋友 137

观察艾萨克 138

经验教训 140

手持王牌 141

引起你的关注 142

保持足够的关注 143

挑战和困境 145

疲于冲突的儿童 145

尽管我也担心 146

第 6 章　家园共育　　149

透过窗户看家庭　151

相处的本质　153

少些个人中心，多些以人为本　154

冒　犯　155

监管关系　156

经纪人文化　158

生活大舞台　160

卓有成效的人际关系让人放松　161

赋　权　162

同理心　162

鼓　励　163

支　持　164

权　利　165

享　受　165

投入与完善　167

永无止境　167

监护人和调节者　168

挑战和困境　170

第 7 章　接受差异　　　　　　　　　　173

学习社交技能　175

是个婴儿！　177

成人现象　178

假如都是相同的　179

用语言来强化　180

粉色世界和蓝色世界　181

性别角色的强化　182

社会上的说法　184

公共世界和私人世界　185

既要树立榜样，还要做好看门人　189

儿童："完美的"消费者　189

语言造成的差异　191

暗示的力量　192

第 8 章　语言的联系作用　　　　　　　　　　195

寻找恰当的语言　198

压力下的语言　199

我们的期望　200

建立联系　202

语言策略　202

社交和情绪习惯　204

提　问　205

犯错的重要性　206

社交互动的稳定性　208

降至儿童水平　209

意图和选择　210

数字时代　211

挑战与困境　212

第 9 章　为入学做好准备，为生活做好准备了吗　　217

开发潜能　219

社交韧性　220

社会交叉点　221

学校的目的　221

道德教育　223

最初的道德理解　225

理解的工具　226

学校规则　227

学校是充满想象力的世界　229

何谓成功，谁来评估它？ 229

分享友谊的经历 230

技术与语言 232

挑战与困境 234

"确保开端"计划 235

提供一种平衡 236

结　语　　　　　　　　　　　　　　　　　238

附　录：《英国国家早期教育纲要》法定框架（2024 年版）
　　　 学习与发展要求　　　　　　　　　　242

丛书序言

首先从思考两种我们可能都熟悉的情境开始。如果你愿意，请想象一片沙滩的画面：阳光灿烂，柔和的水波拍打着岸边，不远处有一个小石潭和一个大山洞。你带着两个孩子一起去郊游，其中一个3岁，另一个6岁。你们带着毛巾、小水桶和铲子。你选好位置，安顿好后，便坐在铺好的毯子上，惬意地读着一本好书。偶尔，你会为正在给"沙滩城堡"修建"护城河"的孩子们提点建议，或者检查一下山洞里有没有蜥蜴出没。孩子们偶尔会回来吃点儿或喝点儿，期间有必要的休息时间——或者去上厕所，或者吃个冰激凌。直到下午4点，包括你在内的所有人都度过了美好的一天。孩子们没有哭闹，也没有争吵，玩得很开心，但也很疲倦，这足以保证他们晚上睡个好觉。在以后的日子里，每当他们回忆起曾经建造的城堡和令他们害怕的蜥蜴时，都会想起这段"最棒的假日时光"。

现在，我带着我的两个孙子去逛当地的一家超市。设想一下这里的情境。根据我的经验，我们一进入超市，必须马上给他们

图 I.1*　探索山洞里是否有蜥蜴

---

* 为帮助读者清晰查找本书插图，序言（introduction）中的插图图号保留英文原书的标记法，即序言中图号标记为图 I.1、图 I.2……，后面各章图号与其章号保持一致，如图 1.1……，图 2.1……，以此类推。

立规矩:"不许动任何东西。"可是,情况很快就不妙起来:一个孩子想要草莓味的酸奶,另一个却想要蓝莓味的酸奶,而我想要正在特价销售的混合装酸奶。于是,我们三方的争吵瞬间爆发。年龄较小的孩子被抱到购物车的儿童座椅上,他一边踢腿,一边大声哭喊着反抗。我们这伙嘈杂的人每到一处,都会招来许多妈妈用或同情或厌恶的眼神看着我。收银台旁边儿童触手可及的货架上的糖果也无助于解决问题,而我这个正在气头上的奶奶铁定地认为他俩都不配得到糖果。

为什么上述两种情境如此截然不同?答案就在于儿童有一种独特的、与生俱来的认识和理解他们所处世界的方式。这一过程称为儿童发展。儿童生来就拥有一套认识世界的策略,无论身在何处,他们都会运用这些策略。儿童学习的方式之一是运用他们的感官,对自己感兴趣的东西,通过触摸才能更好地了解它们。当他们在沙滩上挖沙子或捡贝壳时,这种方式就很适宜;但是,用类似的方式研究超市里的薯片,几乎不为人们所接受。儿童生来就会通过探索其周围的世界来主动学习。同样,当寻找山洞里的蜥蜴时,探索就是一种不错的方式;但在商店的过道中,这种探索就不再是有效的策略了。

本丛书考虑到了所有年幼儿童拥有的策略以及其他一些特点,并探讨了在年幼儿童的日常学习过程中如何发展和强化这些策略和特点。

这套丛书讲述的是学习过程，而不是学习内容。每本书描述的是年幼儿童发展的某个独立领域，以及他们的人际关系和经验会如何影响这一领域的发展。四本书分别选取了发展的一个方面，每本书对一个领域进行了深入的研究。

《儿童的体商：奠定主动学习和身体健康的基石》：考察了儿童身体和运动的发展。

《儿童的智商：奠定理解和能力的基石》：考察了儿童认知和智力的发展。

《儿童的社商：奠定关系和语言的基石》：考察了儿童社会化和语言的发展。

《儿童的情商：奠定自信和韧性的基石》：考察了儿童情绪和行为的发展。

尽管每本书只选取了儿童发展的某一方面并单独考察，然而，这纯粹是出于便于研究的权宜之计。当然，在实际生活中，儿童在学习维系友谊和交流、身体茁壮成长、不断加深对概念和道德的理解以及提升自信的过程中，会同时运用他们自身发展的方方面面。

我们认为，儿童具有某些先天固有的特征，这些特征可以有效地促进其发展。例如,动机和自主性就是其中两种固有的特征。它们需要与一种能促进其表现和发展的环境相匹配。那些茁壮成长且学习优异的儿童将会发现,在充满挑战但安全的环境中,他们的先天特征会得到那些有爱心、有见识的成年人的支持。这种环境会尊重这样的事实,即儿童是通过直接经验和各种感官进行

图 I.2　儿童自主探索

学习的，并且他们通常也会主动这样做。这就是沙滩能够提供这样一种有效的学习环境而超市不能的原因。在沙滩上，儿童可以使用主动参与的策略。他们被令人兴奋的周围环境鼓舞着，在玩耍时拥有相当大的自由度和自主性。在这里，我们可以看到他们探索周围世界的好奇心和能力与其所处的环境完美匹配。

这套丛书将会深入探讨这些观点。已有的和当前正在进行的研究贯穿全书，用以支持书中提出的所有实用的建议。孤立地使用理论毫无意义，它必须始终与儿童随时随地所经历的事情联系起来。这就是为什么本套丛书能给儿童早期教育工作者提供机会，去思考当他们读完这些书后，会给他们的实践工作带来哪些启示；同时，又能为他们提供一些合理的、基于证据的理解：为什么某些教与学的方法会如此成功。

这套丛书的核心是一些关于年幼儿童的重要理念，包括以下前提：

- 儿童是潜在的强大且自主的学习者；
- 他们需要富有爱心且敏感的成年人的陪伴；
- 儿童对自身的认知是他们作为学习者成功的关键；
- 游戏是促进儿童理解力发展的强大机制；
- 儿童当前的能力将是他们未来学习的起点。

或许，美国幼儿教育协会（National Association for the Education of Young Children, NAEYC）原则的最后部分对上述观点做了最清晰的总结：

> 儿童的经验塑造了他们的学习动机和学习方式，诸如坚持性、主动性和灵活性；反过来，这些倾向和行为又会影响其学习和发展。[1]

这些原则并非针对儿童的学习内容，而是与他们的学习方式有关，因此也与如何把他们教得最好有关。这些原则均体现在《英国国家早期教育纲要》（Early Years Foundation Stage, EYFS）[2]的文件中。

克莱尔·蒂克尔爵士在对《英国国家早期教育纲要》的评论中着重强调了我们在前面提到的有效学习的特征，而这些特征正是我们将要深入考察的内容。丛书中的每一本分别探讨最适用于该书考察发展领域的那些特征，当然，这其中的许多特征也会贯穿于整套丛书。每本书均有章节反映了《英国国家早期教育纲要》所强调的有效学习的各个方面，特别是：

- 游戏与探索
- 主动学习

- 创造性与批判性思维

其他章节将会涵盖所有儿童早期教育机构中通用的教育实践。譬如，观察儿童的学习，与儿童家庭建立紧密的关系，以及如何为男孩和女孩的不同学习风格做好准备。最后，将会有一章批判性地考察"入学准备"这一概念。每位作者都会探讨"入学准备"的含义，以及我们如何为基础教育阶段的儿童提供最好的支持，让他们充分利用在关键的第一阶段提供给他们的全部教育资源。

参考文献

1. National Association for the Education of Young Children. Position statement, 2009.
2. DfES. *Early Years Foundation Stage*. London: DfES, 2007.

本书序言

我们是否经常用"他/她正处在那个阶段"这句话来描述我们有时对儿童的行为、举止和态度不得不作出的回应？这种负面的无奈有多频繁？我们会用同样的说法来形容成人吗？可能从来都不会。有许多社会性发展理论、课程以及我们的文化试图对儿童进行测量和评估，其有效性均依赖于对已确定发展阶段的使用。

儿童天生具有社会性，交流、沟通是他们与生俱来的内在潜能。开启这种潜能，取决于许多相互关联的方面。这就不仅仅是发展阶段的问题了，还涉及儿童在此过程中积累的一系列的技能、特质和价值观。如果不把这些元素整合起来，将会影响个体一生人际交往能力的发挥。虽然每个人都具有社会性，但并非每个人都选择成为社交达人；社会化的发展不是一段通往社交礼仪圣杯的直线式旅程。

语言是我们用来有效传达意图的技能。它是连接人与人之间关系的桥梁。它可以是言语的、非言语的、书面的、图画的、手势的或口头的。它是我们的思想和观念的符号化表征，以便他人能够体验到；在我们与他人互动时，语言至关重要。本书将揭示，在发展社交能力以及有效的沟通技能的过程中，我们需要学会与人交谈、学会倾听、学会回应他人。

儿童早期教育工作者及其周围的成人需要具备一项基本技能，那就是必须清楚地认识到，尊重每一个儿童，给予他们选择做他们想成为之人的权利，而且还要给予他们足够的实现这一目的的实践机会。比如，当一个孩子正在闹情绪时，此时要求他与人分享，他肯定会大发脾气，这种情形，不论对儿童还是成人可能都是一种挑战。成人通常会痛苦地意识到，儿童尚未习得适宜的社交规则，因此，他们能做的就是从已经习得的一系列经验中选择作出回应，也许想发怒，或者惩罚一下，也许有些尴尬。然而，儿童正经历着强烈的情绪波动，不知道如何管理这些情绪，或者如何将这些情绪表达出来。当儿童逐渐适应了将适宜的社交技能视为规则时，他们便学会了从沮丧中平复情绪，这不仅仅是一种发展过程，更是一种重要的技能，只不过他们现在尚未习得。

本书致力于探索一系列社交和语言技能，它们能让儿童掌握生活技能，具体包括：

- 语言
- 倾听
- 词汇
- 非言语语言
- 语言的机制
- 轮流
- 对他人的同理心
- 合作
- 谈判
- 协作
- 归属感的发展
- 认同感的发展
- 相信自己的能力
- 建立友谊和关系
- 表达含义

任何儿童选择采用某种特定社交技能的动机，都是基于他们对其社会价值的确信。惠特布雷德表达了为何"这段旅程肯定值得"[1]。本书承认了儿童天生寻求与周围世界互动的重要性，也考察了儿童的情绪、生理和认知的发展，这些都将支持儿童早期的语言使用，并影响儿童一生的社交行为和处理关系的习惯。

最重要的是，本书所推崇的，正是伴随着许多儿童在与他人建立关系的过程中产生的那种好奇心和热情。

参考文献

1. D. White. *Teaching and Learning in the Early Years*. London: David Fulton, 2003.

第 1 章

创设情境

社会化的驱动力在新生儿身上是最纯粹的，因为这一潜能不受先前经验的限制，未被先入之见或错误观念所冲淡，并且天性与教养之间再也不会如此平衡。

"真麻烦,我背对着错误的方向!"

——康纳(4岁)

早上6点前要叫醒4岁大的儿子康纳,还要帮他穿戴妥当,这对我们来说可真是个挑战。他穿着一件橙色T恤、一条绿色军裤和一双红色靴子,正努力往脖子上系一条蜘蛛侠领带。他那句"背对着错误的方向"的话一下子惊着我了,我很好奇他是什么意思,直到我意识到他指的是他在尝试系领带。有那么一瞬间,我怀念起他更小时候的生活,一想到他还有那么多不懂的事情,我就不免有些惶恐,这也让我又体会了一把做母亲的使命感。

那一天晚些时候,我反思了早上的情景所反映出的意义。那件橙色T恤是他和爷爷一起探险时穿的,军裤是他帮爸爸砍伐木头时的"工作裤",鞋子是他的"周末鞋",代替他平时上学穿的黑皮鞋。他的时尚感还未形成,他为自己选择的衣服都与他最宝贵的经历有关。蜘蛛侠领带是他去年最喜欢的圣诞节礼物。

作为他的母亲,我认为,他以其所有的记忆激发出的这种着装审美倒挺可爱,他对自己的日常生活有着如此的情感依恋,这真的是弥足珍贵。

作为一名教育工作者,我能从我们早晨的对话中领会多方面的发展意义。教育学家布鲁纳描述了社会环境会如何影响儿童成为一个什么样的人。他说:"人类不是赤身裸体的猿猴,而是披着文化外衣的个体,如果没有文化的支撑,人的无能就会令人绝望。"[1]

康纳已经掌握了一些真正复杂的概念。在不需要穿校服去幼儿园时,他会穿自己选择的衣服。交给老师1英镑,老师就允许他穿一天自己的衣服,这个主意让他非常兴奋。作为回报,老师会把他交的钱用于慈善,给偏远地区的小朋友买蚊帐。他能一字不差地把这件事讲给任何感兴趣的人听,但是他理解什么是慈善吗?是校服、自己的衣服、金钱、疟疾、非洲还是饥荒?事实上,他甚至都不知道蜘蛛侠的超能力是什么。

没有词汇可以用来描述他的"领带窘境",你可能认为,他的语言能力远远落后于他对新的认知理解和体验的无休止的渴求，这种想法可以理解。但是，这将不利于他的社会性发展。尽管康纳还不能恰当地使用词汇，但是他渴望达到自己的目的，并含蓄且自信地努力用其他词语代替，让我理解他的意思，这清楚地表明了他尝试的意愿。这种社会化的驱动力是与生俱来的，就像作为他的母亲，我在一大早睁开眼睛，面对他的需求时所感受到的一丝好奇一样。

什么是社会化

作为人类，我们生来都具有社会化的倾向。我所说的社会化，指的是我们有动力，以身体和心理的方式，与周围环境进行着互动。我们努力去感知环境的特征，探索其发展潜力及其对我们的有用性，并收集有关环境的信息。这种动力在新生儿身上是最纯粹的，因为这一潜能不受先前经验的限制，未被先入之见或错误观念所冲淡，并且天性与教养之间再也不会如此平衡。玛丽亚·罗宾逊是这样描述的，"婴儿对其周围世界的兴趣是蓄势待发的，他们随时准备着开启这段探索自己和周围世界的旅程"[2]。

影响我们人格形成的，是与生俱来的"天性"还是后天的"教养"，这一争论仍在持续。多少年来，这些持续的争论可能是许多社会性发展理论的基石。也许,皮亚杰关于"儿童不是用知识来填充的空容器"的观点也并非完全不相干。此外,他关于儿童是"孤独的科学家"的观点,对理解我们所熟知的儿童探索世界的那种好奇心和行动力也不无启发。

其他理论更多地依赖于婴儿经历其新世界的那种互动过程,以及儿童发展出的贯穿一生的社交技能。无论是弗洛伊德的心理动力理论、埃里克森的社会性发展理论、温尼科特和拜昂的精神分析理论,还是维果茨基的社会性和语言发展理论,都有一个共同的特征,即人类的幼崽需要与其所处的环境进行社会性交往,从而建立起关于环境和文化的规则。通过发展交流能力和随后的语言技能,这些与生俱来的能力发展提高了儿童获得新知识的潜能。

我们为什么要社会化

斯蒂芬·弗雷是一位著名的艺术家、文化名人,他探讨了人类为何以及如何运用语言作为主要交流方式的进化原理和生物机制。[3] 在电视节目中,托马塞洛教授将语言的起源定义为人类共同合作采集食物的需要。弗雷详细解释了人类是如何协调自身来达到这一最初目标的,当然,用语言进行沟通与交流也有一些其他不可预见却意义深远的益处。正是因为有了语言，人类才能向世界传达祖先的历史、发展的过往以及自身的往事，并流传后世。

儿童以社会化的方式融入他们所属的文化，这也是他们学习在其所处的社会中成为一个成年人意味着什么的过程。[4]这是一个复杂的获取理解的过程，从中了解我们的世界是如何运转的。布朗芬布伦纳的社会生态模型则是以儿童为中心，像洋葱那样，把影响儿童社会化的各种因素分层于其所处文化之中。[5]这一过程不是随着时间的推移而分阶段发生的，也不是一个阶段依赖于另一个阶段来巩固的。这些发展可以同时发生，不可能按照某种特定的顺序依次发生，我们应将其视为一种"总在不断完善"的过程。这一模型为我们提供了一种视角，即诸多因素能够潜移默化地影响儿童的认知、情绪和心理发展过程，并且有助于我们理解"社会化"的定义。知名发展心理学家谢弗教授强调指出，儿童通过与其所处世界的互动，通过与周围人的关系，决定了他们明白什么是有意义的，知道什么是值得关注的，学会如何去获得语言和符号，并且在这一过程中，形成了看待自己与这个世界关系的方式。正如玛格丽特·米德所观察到的："儿童在与周围之人的关系中，学会认识自己，明白他们该做什么。"[6]

乐于社交

学习社交以及与他人合作是儿童期一项至关重要的任务。然而，是否乐于社交则是个体的一种个性化选择。当我身体健康时，当我与那些思想一致的人在一起时，我非常信任他们，享受他们的陪伴，我知道此时我是最乐于交际的，即使我并不直接认同他们的信仰和价值观。我喜欢在没有社交压力的时候，自信地遵从或捍卫自己的立场；而且更重要的是，我能表达自己的观点。在这种情况下，与他们在一起，我体验到了情感上的安全感，并且确信他们对我是友善的。最重要的是，我能够选择是否去社交，因为我有自主权。布朗文·戴维斯曾如是说："社会化是一种进化事实，而交际属于自由意志范畴。"[7]

那么，对于年幼儿童的选择，我们是否可以给予他们相同的控制权或自主权呢？我们全家上次被邀请去参加一个孩子的生日聚会，那是一个美丽深秋的下午，生日聚会是在那个孩子的家里举行的。那天天气宜人，聚会上有很多孩子，大人们也都是相互熟悉的朋友，还有精心挑选的食物（包括为小寿星准备的主题生日蛋糕），这一切都让所有到场的孩子非常开心。孩子们在室外欢快地玩耍，充分利用整个花园，或爬上攀爬架，或做窝巢，或在蹦床上蹦跳，或跳绳，或玩皮球。他们之间没有冲突，只有欢笑，且没完没了地讨论着他们的窝巢计划。许多家长都感叹这个生日聚会是如此"轻松自在"！后来，下起了倾盆大雨，我们转移到室内并玩起了聚会游戏。就在"击鼓传花"（所有孩子都很熟悉的游戏）快要结束的时候，其中6个孩子沮丧地哭了起来。这是因为，此前的活动由儿童主导，现在的活动转变为家长主导，这"劫持"了儿童的安全感以及他们了解这场聚会的意义。父母掌握了控制权，不经意间破坏了孩子们在聚会上选择如何做的自主权。

选择与同龄、同性别、同宗教信仰或同一所幼儿园的孩子社交互动的是婴幼儿自己，抑或是那些在抚养和照护孩子的过程中聚在一起以寻求支持、社会交往和帮助的成人？

可能会有人争辩说，婴幼儿在实际生活中或社会交往中无法作出这些选择。许多社会化理论都聚焦社会互动中发生的人际关系。如果成人用自己的偏好决定孩子在家庭之外所接触的人，以及孩子在家庭之外适宜的行为规范，这可能表明，在儿童早期，他们的文化不承认他们的个性和偏好。是否存在一种文化倾向，低估了童年的价值，低估了他们接受他人尊重的权利，低估了他们选择的自主权？我们总是对儿童做出一些假设，即在整个儿童期什么对他们是最好的。但是，在什么情况下，我们应该给予他们相同的选择自主权呢？蹒跚学步的幼儿为了独立和被理解而进行抗争，我们给他们贴上"可怕的两岁"的标签。他们让谁觉得可怕？难道是我们对孩子的选择失去了控制权，或者是孩子不再像刚出生时那么需要我们了，进而让我们感到害怕？我将在后面的章节中对这些问题以及类似的问题加以探讨。

选择社交

人类寻求各种社会交往的根本动力，都是为了满足自身生理和认知的需要。对新生儿来说，最基本的需要就是在他们身体最脆弱的时候，获得生理上的舒适和心理上的安慰。从觅食反射（出生后立即寻找母亲的乳房作为食物来源的能力）到积极确保身体舒适，儿童被驱使着去寻求满足感。这通常表现为儿童通过制造噪音和哭泣来寻求安慰，希望获得身体上的亲密接触。拜昂认为襁褓对小宝宝的心理安全十分重要，在宝宝与新环境的早期互动中，它提供了一种关于安全的身体示范。

对处于前语言期的儿童，许多父母和儿童早期教育工作者可能认为小孩子很脆弱、什么都做不了，这低估了他们发展的积极方面。这一时期儿童正在做的，就是对他们所体验到的情绪和感知作出反应。他们正在试验新的情绪，以应对感知的经验和强加的限制。他们正在巩固关于行为和反应的早期知识。高普尼克和梅尔佐夫的"因果论"关注婴儿的身体动作以及他们用脚踢某个移动物的结果，移动物会反复地来回摆动。于是，婴儿习得了这种动作将会引发这样的反应。例如，一个孩子具有暂时的咬人行为模式，这是婴幼儿中一种常见的、完全可以理解的行为，不用多久，他们就可以超越用嘴去探索任何东西的阶段，这时成人需要用一致的、重复的反应来改变儿童的咬人行为。这与当下应用于社会环境中的"行为原因和反应结果"方法同样科学。因此，儿童是从他们所处的文化中来获得社会线索和适宜行为的。

关 系

关系的建立是一个终生的话题，建立和维持关系离不开发展社交技能，这是每个儿童获得生活经验的基础。关系为儿童所有的心理功能和已习得的情绪反应的发展提供了背景。对事件情绪反应的文化适宜性决定了特定文化中的社交行为。谢弗[8]引用了一个例子，因纽特人部落拒绝接受攻击性是他们这个共同体的特征。他们纵容小孩子，容忍他们的情绪爆发——我们可以称之为"发脾气"。然而，从两岁左右开始，儿童所有生气和愤怒的情绪表达都会被这个部落的成人忽视，无一例外。这样做的结果是，下一代孩子学会了这样一条社交规则，即他们不会用攻击的方式来回应负面情绪。

关于儿童早期关系重要性的理论有很多，这些重要的关系为儿童以后生活中的互动行为提供了蓝图。从特里沃森的"主体间性"（intersubjectivity）理论[9]，到谢弗的"互惠"（reciprocity）理论，以及近些年格哈特的"相互回应之舞"（dance of mutual responsiveness）理论[10]，都表明母子关系至关重要。在母子关系中建立并在儿童早期得以发展的基本社交技能，对儿童日后的情绪安全、自尊感和自我接纳都是不可或缺的。个体的这些特征能影响他们今后生活中的社会资本。这一概念以及许多支撑它的理论，我们将在第3章和第4章中详加探讨。

与自我的关系

玛丽亚·罗宾逊认为，对自我和更广阔世界的意识的发展，始于儿童从细心的成人那里获得的照护。[11]

对婴幼儿来说，早期的自我意识和自我认同还是一种极不稳定的状态，会受到许多因素的影响。艾略特认为，婴幼儿的大脑绝非是硬连接的，尽管他们与周围世界交往的动力是整体的，但更广阔的世界对儿童归属感和自我认同感的影响力在早期并不是固定不变的。[12]

图 1.1　看见自己

然而，我们必须谨慎地使用这些术语。认知神经科学家乔达纳·格罗西指出："像硬连接这样的术语是从计算机科学领域借用过来的，原意是指固定不变的，这些术语很难迁移到神经回路领域，因为这一领域的变化以及我们对其的了解会贯穿一生，实际上，这是对生活的反应。"[13]

在与体贴的、具有回应性的成人相处时，儿童需要模仿、练习和巩固他在新社交世界习得的知识和技能，这是最为重要的事情。这也是角色扮演游戏、幻想游戏、开放式资源和时间在儿童游戏中非常重要的原因。任何能提供选择、不限制想象力、鼓励自我表达的游戏，都能提高儿童的兴趣和参与性，加深他们的自我意识。马斯洛的需要层次理论指出了归属感和认同感是如何为个体的自我实现奠定基础的。[14] 关于自我实现（self-actualization）这一术语，马斯洛认为它是一种状态：个体对自我感到满意，有确定的自我意识和自我认同，并知晓他人如何看待自己。这一概念非常复杂，主要因为自我实现是个体与周围的环境和人互动的过程。米德描述了儿童如何逐渐意识到"重要他人"（the significant other）[15]（通常是最初的主要照护者）的过程，如何学习承担他们的角色并逐渐察觉到自己与他人的关系。成长为一个成人自我的最后阶段是逐渐意识到"泛化他人"（the generalized other），或者说能够在不同场景中把自己想象成不同的"他人"。

与朋友的关系

2009 年，莱亚德和邓恩在英国开展了一项关于"美好童年"的全国性调查[16]，这项对儿童的调查具有广泛性和代表性，询问他们什么构成了美好的童年，以及什么有助于获得幸福。结果显示,排在最前面的是朋友关系,以及在生活中成人对他们的倾听和理解。比起更多的金钱和玩具以及成功和名气,对儿童来说,享受相互回应的关系这种想法更重要。从极度资本主义的20世纪80年代,到明显向狭隘的个人主义倾斜的整个90年代,再到21世纪,近三十多年来,这种观点并没有发生多大改变。戴维斯发现,成人认为友谊发展的原因是人们互相喜欢。[17] 相比而言,儿童则认为,与他人距离上的接近和情感上的亲近才是友谊首要的、基本的元素。儿童在童年期发展社会化自我的过程中逐渐明白,友谊的建立有助于他们在不受成人权威的约束下,形成"我是谁"的实用知识,提供他们与同伴一起实践社交和语言概念的机会。纽森等人指出:"学校是儿童转变为社会人的具体环境,在这里,儿童与同伴群体交往以及摆脱成人权威的经验更正式化。"[18]

交流和语言

构建和理解沟通与交流意味着什么、获取和使用语言意味着什么,以及人类语言是如何发展的,所有这些仍是不同学科中许多研究者的课题。其中,德夫林和普赖斯利用先进的现代技术,对大脑中语言的发展获得了更为深入的理解。在一档 BBC 节目中，普赖斯描述了"大脑的语言处理过程是如何从认知上整合我们所有的感知觉资源，然后协调对其作出反应的。大脑与环境的相互作用是固定的和不可分割的"。[19]

因此，如果语言的习得包括收集某种经验或感觉提供给我们的所有感官信息，以及我们的大脑同化和分类这些信息并对其作出反应，那么我们就能理解我们关于事物运作的知识是如何增长的。想一想：你见过不到10个月大的婴儿挠痒痒吗？他们不挠痒痒并不意味着他们不觉得痒，或者感受不到物体粗糙的表面，或者不知道自己坐在让人发痒的草地上。只有当他们的大脑和神经发育成熟到一定程度，能够对这种感觉进行认知加工以理解其意义，确定这种感觉在身体上的位置，并采取一种单独的、有目的的修复行动（即挠的动作）时，大脑才会将它归档为"能做到"。我们最初与儿童的交流也是同样的道理。我们并不会因为婴儿不能理解我们在说什么，也不能给出回答，就停止使用"儿语"。我们对婴儿最大的期望，或许就是设法吸引他们的注意力，擦出相互认可的火花。尽管如此，我们仍坚持在此期间让婴儿沉浸在一种简化的、适应性的语言世界中。作为婴儿生活世界中的成人，我们已经体验到熟练掌握语言和符号表征的价值。通过掌握符号和语言的意义，儿童在其一生中融入世界的能力便得以不断提升。

后来，嬉戏的、游戏化的语言依旧是婴幼儿语言练习的一种资源，同时也是成人和孩子的快乐源泉。如果你曾听到某个孩子反复把单词"*bulldozer*"（推土机）说成"*dullbozer*"，用来指《星球大战》中臭名昭著的人物"达夫特·维达"，或是努力寻找与"*bum*"押韵的发音，而你却选择不去纠正、责备或改变他/她，你就会明白其中的原因了。婴幼儿如何建立交流模式并提高语言的熟练度？相关理论以及婴幼儿在社会交往中学习使用语言的方式，我们将会在后面的章节中做进一步的探讨。

关系和语言

正是语言以及我们使用语言来表达自己的情感，从而将我们与他人联系在一起，并使我们获得社交能力。在过去的40年里，社会化与儿童的发展在每一版的早期教育课程中一直都是紧密相连的，这并非偶然。然而，语言的运用还有一个沉默的"表亲"，那就是倾听。"听"和"说"是成为一名优秀的交流者的基本技能，也是个体建立友谊和关系的必要技能。我们能做到真正地倾听儿童吗？不只是听他们回应我们的要求或指令时的声音，而且还要倾听他们自己的表达。相反，在他们学会开口说话之前，婴儿依赖的是人们对其肢体语言的解读，但是，我们能够读懂婴儿的肢体语言吗？抑或我们已经丢弃了有意识地捕捉他人为了表达自己的意图所给予我们的身体信号的能力？令人惊讶的是，婴儿能够用肢体语言明确地表达一些复杂的情感和想法，但是，我们是否对此给予了足够的倾听呢？

雅克布说："我们还要多久才能见到爷爷？"

妈妈回答说："睡 5 次觉后。"

雅克布未能领会的并不是时间流逝的复杂概念，而是成人在描述时间时强加的成人式语言，结果还是让他摸不着头脑。

在第 5 章和第 6 章中，我将详细讲述一些重要的沟通技能，我们都能积极地使用这些技能。

更广阔的世界

再回到"我们是否低估了儿童期的价值"这一观点，这是当代一个重要的话题。许多历史理论学家认为，儿童尚不成熟，他们是被动的、弱势的和孤立的；儿童期本身被视为一段消极且脆弱的人生阶段。但是，问一问婴儿潮一代（那些在第二次世界大战后出生的人）的任何一个孩子，他们的童年经常充满了对自由、没有责任、外出旅行和暑假的怀旧记忆。战后父母养育孩子的方式与现代的父母截然不同，现代的孩子们有自己的"恶魔"要对付。

在《消费儿童》(Consuming Children)一书中,肯威和布伦承认了消费媒体文化在我们下一代身上的突出作用,并反思了它给当今的儿童、家长和教育者带来的可能性和困境。波斯特曼描述了"童年的终结",并断然地将责任归咎于媒体和出版物[20]。但是,肯威和布伦关于童年的说法,尚是基于对我们自身童年怀旧且浪漫的回忆,他们将其描述为"一次对童年的情感增长"[21]。这种童年怀旧史,描绘了我们对儿童的一种集体无助感,传达了我们曾经拥有过童年的黄金时代,在那个时代,成人是控制者,儿童是受控制者。正是看到如今成人对儿童缺乏控制,以及我们需要为此找一个理由,使得我们认为,所有的媒体,包括电子媒体和商业主义,都对儿童产生了最显著的负面影响。还有一些人,他们看到的是这些深受儿童喜爱的媒体所带来的机遇和可能性,在他们看来,这些媒体无可避免,而且能给我们的下一代赋能。塔普斯科特指出,那些被他称为聪慧的"N一代"的人,能够同时存在于现实与虚拟世界中,他们从不觉得交流方式有什么限制,譬如发个传真,更不用说发电报了。[22]然而,柯卡姆写道:"信息科技的虚拟世界不断膨胀,正在威胁并吞噬我们的现实感。"[23]

但是,媒体和数字互动的世界已然存在,利用这两者,我们能在个体和参与的层面上与儿童进行沟通和交流。对于儿童来

图 1.2　信息科技的虚拟世界正在威胁并吞噬我们的现实感

说，这是他们的世界运转方式中不可分割的一部分，因为他们身处其中，自然就能对其形成理解。对于已是成人的我们而言，则不得不放弃我们已习得的某些知识，以适应我们孩提时代经验之外的新信息。事实上，不论是媒体还是互联网，尤其是近些年来兴起的社交网络现象，都对我们已形成的关于人际关系、语言和社会化的基本理解提出了挑战。这意味着，作为成人，我们需要一个重启过程。《拜伦评论》发现存在"一条代际数字鸿沟","每个人都应当发挥自己的作用,让儿童能够安全地享受这些新科技,就像在非数字时代保护儿童的安全是每个人的责任一样"。[24]

至于消费文化对儿童的影响,毫无疑问,儿童发现充满视觉刺激的小设备非常吸引人,就如同我被一双新鞋子或一幅热带假日图吸引一样。儿童无法辨别的是,这种视觉意象具有怎样的统治力及其蕴含的真实性的缺失。想象这样一种场景,圣诞节的早晨,当广告中反复播放的一个新潮玩具的包装被拆开之后,这才发现不用手举着它根本无法绕着房间飞。你会支持通过立法程序来预防儿童产生这种失望吗?在后面的章节中,我们将探讨真实世界和虚拟世界对儿童的影响,不论是有形的还是无形的;我们还将思考儿童参与其中的程度,以及作为成人的我们对他们该有怎样的控制水平。

参考文献

1. J. S. Bruner. 'The Psychology of Pedagogy', in J. S. Bruner. *The Relevance Education*. London: George Allen & Unwin, 1972.
2. *Nursery World*, May 2008.
3. *Fry's Planet word*. Episode 1: 'Babel'. First shown 26 November 2011. BBC2.
4. M. Holmes. *What is Gender? Sociological Approaches*. London: SAGE

Publications, 2007.

5. Bronfenbrenner's social model (1979) from P. Smith. H. Cowie and M. Blades. *Understanding Children's Development*. 4th edn. Oxford: Blackwell, 2005.

6. M. Holmes. *What is Gender? Sociological Approaches*. London: SAGE Publications, 2007.

7. B. Davies. *Life in the Classroom and the Playground*. London: Routledge & Kegan Paul, 1982.

8. H. R. Schaffer. *Introduction Child Psychology*. Oxford: Blackwell, 2004.

9. K. Sylva and I. Lunt. *Child Development: A First Course*. Oxford : Blackwell, 1982.

10. S. Gerhardt. *Why Love Matters: How Affection Shapes a Baby's Brain*. London: Routledge, 2004.

11. M. Robinson. 'Awareness'. *Nursery World*, 22 May 2008.

12. L. Eliot. *Pink Brain, Blue Brain*. Oxford: Oneworld Publications, 2010.

13. G. Grossi in Eliot. *Pink Brain, Blue Brain*, 2010.

14. T. Bruce and C. Meggitt. *Child Care and Education*. London: Hodder & Stoughton Educational, 2002.

15. M. Holmes. *What is Gender? Sociological Approaches*. London: SAGE Publications, 2007.

16. R. Layard and J. Dunn. *A Good Childhood: Searching for Values in a Competitive Age*. London: The Children's Society, 2009.

17. B. Davies. *Life in the Classroom and the Playground*. London: Routledge & Kegan Paul, 1982.

18. J. Newson and E. Newson. *Perspectives on School at Seven Years Old*. London: George Allen & Unwin, 1977.

19. BBC *Fry's Planet World*. Episode1 'Babel', screened 26 September 2011.

20. N. Postman. *The Disappearance of Childhood*. New York: Vintage Books, 1994.

21. J. Kenway and E. Bullen. *Consuming Children*. Berkshire: Open University Press, 2001.

22. D. Tapscott. *Growing up Digital*. New York: McGraw Hill, 1998.
23. P. Kirkham (ed.). *The Gendered Object*. Manchester: Manchester University Press, 1996.
24. T. Byron. 'Safer Children in a Digital World'. National Education Network Independent Review, 2008.

第 2 章

游戏、模仿与探索

在游戏过程中，儿童可以自由地作出选择，自由地遵循自己的兴趣；儿童可以自我激励，参与到与自己、与自己的生活有关的游戏之中；儿童敢于冒险，从错误中学习，没有任何对失败的恐惧和妥协，并设定自己的目标和挑战。

> 我的舌头上全是雀斑！
>
> ——艾米丽（2岁）

作为儿童早期教育工作者，我们总是倾向于把游戏作为婴幼儿的第一要务。我们逐渐体会和理解了游戏对儿童的重要性，因为游戏是儿童的认知、社会性、情绪、语言和身体发展的载体。从我们从事的这份关于儿童的有价值的工作，以及用于指导我们工作的框架和指导方针来看，游戏是最重要的，因为它是儿童实践可能性、重温过去经历、协调并表达自己对事物感受的最有效的方式。我们有游戏时间、游戏场所、游戏软件、娱乐室和游戏日。但是，所有的这些都是成人的一面之词，是从成人的视角出发的，是为了便于管理我们和儿童在一起的时间，并不是纯粹为了儿童或由儿童来主导。

作为成人，在见过、经历过或分类过以前某种特定的感觉意味着什么后，我们对自身的许多感官信息失去了敏感性。我们不会总是有意识地记录每一处瘙痒，也不会总是去看我们视野内的边缘事物；而且作为成人，我们常常培养一些兴趣爱好，以寻求与我们的感官重新建立联系，无论是寻求刺激、冥想或是触觉体验。年幼儿童的感官比我们的要灵敏得多，因为他们需要应对自己所处的新环境。

通过颠倒游戏、模仿和探索的顺序，或许我们能更适当地强调三者之间的联系。如果新生儿出生在一个真空社会中，满足其直接的生理需求，然后将其单独留下，那么他/她只有依靠自己的感官来探索周围的环境，理解自己的位置。这将是一件残忍和难以想象的事情，但运用感官探索周围环境是与生俱来的，是最先发展的，也是最为重要的。

新生儿依靠我们的气味、我们的抚慰以及对他们各种需要的满足与照护，开始适应外界的生活，从而度过了最脆弱的早期发展阶段。当婴儿越来越放心地依赖我们满足其基本需要，并且其身体也不断发展时，他们就会开始探索周遭事物和眼前的世界。我们都知道宝宝会用嘴来探索一切事物，随着身体的日渐强健，他们会伸手去够他们看到的任何东西，通过他们天生具有的各种感觉，试图去探索他们好奇的一切事物。随着婴儿不断成长，他们依靠自己不断成熟的感官收集他们所处环境中的新信息，对他们而言，每种感官都同等重要。18个月大的婴儿已经知道，揪别人的头发就会得到对方强烈的声音反应，此时，为什么只要你捂住他的眼睛不出声，他总会放手呢？因为，只要限制婴儿获得感觉信息，那么，对于他们来说，重新获得这些感觉，就会变得比感受他人头发或看到别人的痛苦表情更重要。对于这个年龄的婴儿而言，感觉就是一切。但是，什么会影响他们对接收到的感觉信息所做的反应呢？答案是当模仿变得非常重要之时。

利用模仿来发展关系

从早期对熟人的微笑，到开始用重复的声音对应特定的动作或事物，婴幼儿逐渐明白符号可以代表其他事物。早在能够做标记和写字之前，婴幼儿在认知上已经足够成熟，能够理解对于感兴趣的人而言，动作和声音可以表示某个正被交流的事物。我们不要忽视一个不会说话的学步儿的牙牙学语声或指向动作；相反，我们要尝试去解读他们的意思，并经常对他们的努力给予积极的回应和认可。

通过对他们的努力作出令其满意的情感反馈和回应，无论从先天因素还是后天经历来看，儿童都会被激励着继续探索。即便是那些没有从周围成人或其他人那里获得一致和积极反应的儿童，作为社会一员，渴望被人理解的固有驱力也将促使他们继续探索。正是他们收到的回应，形成了他们发展未来关系的社会行为模式。儿童开始与这个世界以及生活其中的人建立联系。

从理论上讲，斯金纳关于学习的行为主义模型，对于理解我们如何通过观察和模仿他人行为，从而适应所处社会的行为规则做出了重要贡献[1]。这些习得的行为，的确受到了一系列外部奖励和强化的影响。这些研究结果深受巴甫洛夫对狗进行的经典实验的启发，虽然他们的研究在描述生物如何能共存方面很有价值，但他们固执地认为动物与人类儿童的学习方式也是类似的。他们并没有考虑到人类儿童所处的是一个相互影响的世界。正是每个儿童个体与他人互动的这种关系环境，以及他们对那些经历的早期情绪，为他们不断发展的许多社会技能提供了参照点。对此，模仿起着至关重要的作用。我们是儿童回应其世界的把关者，我们对儿童的回应，无论在哪种水平上，都是有重要意义的。我们对儿童本身、他们的行为、他们的声音以及他们的沟通尝试作出的回应，为他们提供了参照点，成为儿童最初理解自己、了解自己所处世界，以及如何融入其中的蓝图。

社会化情绪回应

我这里所说的回应,不是我们在儿童哭泣时给予口头上的安慰、身体上的拥抱,或者用恰当的情绪语言,以帮助他们发展无拘无束的情绪表达。作为儿童在特定情境下要学习的社交技能,这些都是有价值的回应,一旦这些技能对他们而言变得有意义且有用时,儿童就会去学,并且经常学习它们。相反,我这里指的是任何人对任何其他生物的无条件关注,以及这些关注促使作为人类的我们应采取的行动和作出的反应。这通常被称为同理心(empathy,也译作共情)。我们如何鼓励儿童对人友善、关心他人?如何培养儿童这方面的能力?如何激发儿童这一关键的社交技能?

我们很难一下子说清楚同理心对生活中那些成功关系的重要性。但是,如果没有同理心,我们就不能站在他人的立场来看待、理解和重视他人的观点,或者不能对他人作出社交和情感的反应,这会抑制我们的许多生活技能。合作和团队协作会变得支离破碎,原本可以成功的谈判就会变成冲突,权力或虚伪玷污了协议和关系。这是由于人们对他人意图固有的不信任所致。

同理心可以说是一种无法教会和传授的技能。真正获得同理心的唯一方式是,把它作为一个儿童对另一个儿童的行为和处境所做反应的副产品。首先，他们所看到的必是对这个儿童有意义的；其次，他们必须代表参与其中的"他人"作出自己的回应。只有当儿童对身边所见产生强烈的情绪反应时，这些反应才会被内化，后来才被称为他们自己的反应。我小心翼翼地将这些行为、反应和后果与这里提到的个体隔离开来，因为作为某一群体的新成员，儿童会模仿周围人（包括我们这些早期教育工作者）的动作、语言和行为。这一过程本身并不能确保儿童具有同理心，但作为成人，我们有责任为儿童提供有意义的、有联系的、切实的场景和机会。

在儿童与生俱来的社会化驱力中，看和听的能力尤为突出，因为这些能力会激发他们模仿周围的所见所闻。当我们考虑儿童正在形成的语言技能时，模仿的意义更不可低估。思考下面的互动：

成人对两岁大的儿童说："现在是晚餐时间，我知道你已经吃完了，但是我希望你坐在桌边，直到我们都吃完！"（手平举并指向儿童，同时直视儿童。）

儿童对成人说："我现在不想和你讨论！"（头侧向一边，避免与成人进行眼神交流，却摆出一副坚定的姿态，双手指向成人的方向平放并向下猛拉，模仿成人的手势。）

社交语言

因此，如果我们知道儿童是通过感官去探索物理环境及其与环境的关系，并依靠模仿来练习他们自己文化中的符号、语言和行为，那么这将游戏置于何处？游戏对年幼儿童及其社会性发展有多大意义？

在过去的四十多年里，如果你一直从事儿童保育工作，你会发现很难避开被教导"通过游戏学习的重要性"。诸如福禄贝尔、蒙台梭利和鲁道夫·斯坦纳等教育先驱都强调游戏的重要性，麦克米伦姐妹和苏珊·艾萨克斯等人更是为儿童直接经验的重要性提供了令人信服的证据。特别是艾萨克斯，她提出了"自由流动"（free flow）游戏的理念，即由儿童决定他们所遇事物的秩序和重要性，决定他们与它的相关性。在幼儿早教实践中，"自由流动"的理念现在通常被用来形容把室内和室外空间之间的门打开，最初这一概念是指允许儿童自由选择和自主决定他们想用什么以及如何用，以帮助他们对世界产生新的认识。

在其所著的书中，名为"可以玩了吗？"这一章中，赫斯特和纳特布朗为我们提供了从关于游戏重要性的理论到当前课程对游戏的合理使用这样一种综合全面的联系。引用特里西娅·大卫的一段话，简要阐述当代游戏的价值：

图 2.1　选择及其作用

在游戏过程中,儿童可以自由地作出选择,自由地遵循自己的兴趣;儿童可以自我激励,参与到与自己、与自己的生活有关的游戏之中;儿童敢于冒险,从错误中学习,没有任何对失败的恐惧和妥协,并设定自己的目标和挑战。2

模仿和学徒期

你可能听过现在已经不再那么流行的说法，即"游戏是儿童的工作"，或者你可能在你的课程框架文件中看见过这种说法。这是19世纪的教育家玛格丽特·麦克米伦说过的话，在其儿童发展哲学中，她完全赞同"工作中的儿童即游戏中的儿童"这一观点。然而，我们中有多少人想要一份包含了自己喜欢的任务的工作？我们之所以选择这些任务，是因为它们对我们有意义，并且我们可以左右工作中的细节，影响关于工作任务的决策。一份没有自主权或选择权的工作，可能会令人失去动力，感到被轻视且心生不满。

选择的自由程度，正是对儿童最有益的游戏的基石。选择的游戏体验不受约束条件、规则或之前关联的限制。儿童通常不确定也不关心游戏的结果或后果，儿童的好奇心和对新世界的探索欲，才是他们采取任何行动的压倒性特征。玛丽·古哈通过心理学研究证明，掌控感对有效学习至关重要，而掌控感与选择和机会相结合，提供了真正丰富的游戏的构架。[3] 近些年来，英国国家儿童局在《游戏的变化回顾》中明确了游戏对儿童心理韧性和自尊发展的重要作用，而心理韧性和自尊则是决定儿童未来一生幸福的要素。[4]

想象自己身处儿童早期的环境中，或者儿童正在游戏的任何地方。通过合理区分特定的儿童，经过深思熟虑，你精心设计了一份活动计划。你为儿童提供了他们可能需要的所有资源，以及与一学期主题相联系的计划，这些都是在上次的委员会会议或员工发展日决定好的。扪心自问，你设计的活动是基于你认为儿童会选择做什么吗？或者更重要的是，这些活动是基于你认为员工需要对某些儿童进行观察？因为他们每周只参加两个上午的活动。无论动机是什么，无论任务安排得多么用心良苦，你对这些任务的控制，到头来只会对儿童参与这些任务的动机产生不利影响。更令人担忧的是，你在"劫持"他们的游戏。

现在，我们想象或回忆一下，你是如何学会如此这般做自己的这份工作的。可能是入职的最初几天，一直有人陪在你身边指导你。不论工作多么琐碎、多么专业，是单人的还是集体的，总有人给你演示，或向你描述如何做你的工作。无论时间长短，你都是某个人的学徒。

相关理论

所有关于儿童发展的社会建构主义理论都包含这样一个观点，即儿童是某个指导者、引导者或更有经验之人的学徒。儿童的童年是根据他们与周围世界的关系以及对其作出的反应来建构的，这一理解正是这些理论的基础。无论使用什么专业术语，由经验更丰富的人去支持儿童发展的过程，是许多现代政策和实践力求实现的本质。从维果茨基的最近发展区、布鲁纳的游戏螺旋模型、鲍尔比的依恋理论到马拉古兹的倾听教学法，所有这些理论都承认儿童是自身发展的主体。

皮亚杰和维果茨基是著名的儿童发展理论家，他们对理解儿童是如何学习和发展的现代解释产生了巨大的影响。还有其他很多理论家，但是这两位在儿童社会性和语言发展方面贡献突出，因为他们的观点在某些方面又是相互对立的。皮亚杰认为，儿童的认知发展是"由内向外"的，他们将按顺序经历各个阶段，发展阶段在很大程度上不受儿童所处的背景和环境的影响。该理论与埃里克森的心理社会发展理论相似，因为埃里克森也定义了一系列儿童在成长过程中会经历的连续的、有条件的心理阶段。然而，维果茨基是基于儿童"由外而内"的发展来界定其理论的：社会和环境对儿童的学习和发展至关重要。

所有这些有关儿童发展的理解和理论建构，即儿童发展与其社会环境相关或对社会环境的回应，都可归为社会建构主义理论的变体。

谁来教儿童如何玩游戏

一个周日的早晨，如往常一样，自从我们最小的孩子两岁以后，吵闹声一直在屋子里回荡。孩子的爸爸从柜子里拿出了木制的火车拼插件，拼好两三块后就离开了房间，打算去厨房沏一杯茶，殊不知身后却留下了一片潜在的令人担忧的"雷区"。5岁的康纳有一个他常玩的"建造火车轨道"的完美计划，他正忙着选择"有用的"火车头。他清楚自己的轨道游戏目标和搭建方案，知道用哪一节车厢连接火车头，一切都由优先的所有权决定。毫无疑问，他拥有绝对的决定权。两岁的刘易斯热衷于体验这个房间里除他之外的一切有趣的东西，他移动到房间的中间，一屁股坐在康纳刚刚拼接在一起的三节轨道上。于是麻烦开始了，每一节轨道又被断开，散落一地。刘易斯捡起来用嘴"品尝"它、研究它、移动它或扔掉它，他自己还不能把它们组装在一起。他在散落的轨道上走来走去，将它们弄得乱七八糟，却浑然不知为什么这些行为会令哥哥伤心。爸爸回到房间，看到正在发生的一切，他理解的是，一个孩子的行动妨碍了另一个孩子的游戏目标。因为对成人而言，大孩子的游戏目标有更多的认知意义。所以，年龄较小的孩子被从新奇的事物中带离，带进了厨房中，门随后还被关上了，这就是冒犯行为。随之而来的是哭闹、愤怒和不安。

对弟弟刘易斯来说，不仅新奇有趣的事物出现后又消失了，而且他还觉得自己失去了对木制轨道的所有权或对事件的控制权；或者最重要的是，他被强制关在一扇紧闭的门后，这种感觉就像是惩罚，确实如此。

我目睹了这一切，脑海中浮现的最主要想法是："谁来教年龄较小的孩子如何玩轨道？"年龄较大的孩子不愿意让年龄较小的孩子参与到游戏中来，或者没有对他表现出任何同理心，这是他的责任吗？或者说要怪爸爸将两兄弟隔离开来，而不是花时间去示范一种更具合作性的、两兄弟都能参加的游戏版本？弟弟无处可去，他待在那里，我敢肯定，火车轨道仍然是他的最爱。现在需要用一种新方式，让两个孩子都可以积极参与到轨道搭建游戏中来。他们都需要有人帮助来重新认识轨道游戏对他们的意义。幸运的是，作为哥哥，康纳明白，弟弟刘易斯当然会对轨道及其各种可能的组装感兴趣，在他看来，应由他和我作为"专家"，耐心地向刘易斯展示如何积极地参与到当前的游戏中来，以及如何玩轨道游戏。

最引人注目的是，由不安引发的哭闹声几乎戛然而止，取而代之的是康纳关心的话语："亲爱的，你应该这样做。"刘易斯参与进来时，还高兴地耸耸肩。作为成人，我得到的教训是要保持警觉，并调整到儿童的视角。同时，这也提醒我们所有人要做好准备，偶尔需要忘掉我们已知的模式。这种"去模式化"在儿童身上更容易发生，这可能是由于法恩提到的婴幼儿大脑的神经可塑性。[5] 这种"去模式化"的能力有助于我们今后依据新知识来调节我们的行动。

爱的语言

作为儿童早期教育工作者，我们有责任促进高质量的游戏。这种游戏不一定对我们有意义，也不一定是由我们开发的，而是让我们自愿成为儿童的玩伴，多多留意儿童的游戏目的。在儿童看来，好游戏的本质是能够给予他们时间、自主权和力量，好游戏还能为他们提供交流想法和感受的方式和机会。我们有义务为儿童示范如何拥抱并幽默地使用语言。当婴幼儿的大脑足够成熟，开始习得语言时，不同声音以及它们所代表的意义开始建立联系。这便开启了婴幼儿至关重要的认知发展过程。将言语符号与手势和动作联系起来，通常是通过对两者的模仿来确定的。我们大多数人可能会并且是下意识地在对婴幼儿说再见时同时"挥手告别"。我们当然会回应婴幼儿的挥手，模仿他们的动作，并确认他们发出的声音和动作是适宜的。语言游戏是一种习惯，它可以为婴幼儿提供练习语言的机会；更重要的是，让他们拥有练习的信心和自由。通常，做好一件事的最好方法是先付诸行动。我不是在高谈阔论，或者说些无用的漂亮话。对婴幼儿来说，所有的话都是编造的！我更多的是指词语的顺序可以证明，儿童已经达到新的认知或关系理解的水平了。

图2.2　语言游戏可以为婴幼儿提供练习语言的机会

康纳两岁半时，有一次，他正在按照每日常规刷牙，从水龙头流出的水一如既往地成了谈话的焦点。康纳兴奋地指着水龙头，示意我再次打开它。这情景很快就变成了一场关于"yes, no, yes"的游戏。

妈妈："Yes, No, Yes, No, Yes, No。"

康纳："Yes, No, Yes, No, Yes。"（还伴随形象的点头动作。）

妈妈："Yes, No, No, No, Yes, No。"

康纳："Yes, No, Yes, Yes, Yes, Yes。"（咯咯地笑着。）

妈妈："No, No, No, No and No。"

康纳："Yes, Yes, Yes and Yes。"（两个人都咯咯地笑着。）

如果能配上合适的曲调，这听起来就像一首儿歌，而这也是一个表达选择并用语言影响他人的例子。三年后，当我看到康纳玩任天堂DS游戏《超级马里奥》时，其熟练程度令我吃惊。同样地，只有经过更复杂的应用，语言技能才会出现。暂且把消费主义和品牌问题对游戏的影响放在一边，他运用同样的认知技能来与我讨论对游戏角色的选择。

康纳："妈妈，选一个。"

妈妈："好吧，那个。"（指向驾驶我的虚拟赛车"卡丁车"

的鳄鱼角色。）

康纳："不要那个。"

妈妈："好吧，选哪个呢？"

康纳："这个或那个。"（指向马里奥或路易吉。）

妈妈："好吧，路易吉。"

康纳："不，马里奥怎么样，妈妈？"

掌握与人谈判以及用扎实的语言认知命令来影响他人的相关技能是不可或缺的。在当今的成人世界里，人们通常看重的是学历教育和社会地位，其实，让他人理解你的优先选择或想法，更是一项基本的生活技能。成人与儿童分享他们的世界，在分享过程中不需要刻意回避某些术语、词汇或短语；相反，成人需要分享并示范如何正确地使用它们。在过去的十年中，除了在提醒新同事这些词语不适合使用外，我们中有多少人没有在儿童保育机构中听到过"淘气"和"愚蠢"这些词语了？我们还记得原因吗？我们如何对一个4岁的孩子解释为什么不用这些词语？

真正好的游戏，不只是让儿童在游戏中发展社交能力，最重要的是，在与他人共情技能的作用下，让儿童天性中的探索、模仿和见什么学什么的驱动力相互配合，统统发挥出来。语言的使用和价值在于，尤其是在儿童友谊的背景中，可以帮助他们学会与周围世界建立联系。喜欢与人交谈、能倾听他人，这是决定个体将来诸多能力的最好基础，这些能力包括读写能力、透彻地理解语言、把语言作为符号表征来使用。和孩子们打成一片，了解他们的想法，倾听他们——真正地倾听，即使他们表达中的遣词造句不甚恰当，也能让你洞察到他们是什么样的人。

不论年龄大小，尊重儿童，把他们当作社会中有价值的一员，就是给予他们理解世界对于他们意味着什么的权利。这会带给他们一种"我在哪里"的意识、一种自己和周围事物的归属感。许多儿童早期教育工作者非常珍惜这样的趣事：儿童会以他们独有的方式亲昵地称呼一种新知识。比如，当某个儿童问"你能把我的肚脐眼儿扣好吗"时，谁又会去纠正他呢？这种天真无邪的理解让我们觉得非常可爱，提醒我们儿童的观点是多么简单。

如果我们能够克制自己不去控制儿童的游戏、劫持他们的自主权；相反，容忍他们对周围世界必然还不成熟的理解，那么他们理解事物的权利将永远属于他们自己。当他们改变主意、深化自己的知识时，我们还是要克制自己不去控制。虽然适应、节制、对他人具有同理心，这些都是不可教授的，但在我们生活的这个变化多端的现代世界中，它们又都是难能可贵的。

挑战和困境

在为儿童示范游戏技能时,我们要对自己理解事物意义的需要保持警惕,克制我们作为成人想要指导他们的欲望,因为通常我们要比他们知道得多。要让儿童通过积极的互动,不受我们的干预,从而产生自己的意义感,尽管它们通常还不成熟。不控制儿童活动的目的,就是允许他们花时间来找到自己的想法,并把要做的事用语言表达出来,这非常重要。不要用你成人的目的或安排来改变儿童的选择。你会发现这比你想象的更难。原因是什么?从善意的角度来看,我们希望增加儿童的知识,让他能够更好地了解世界。通常,在现代儿童保育的环境下,我们的宗旨是让儿童收获更大的进步。但让人郁闷的是,我们通常的做法却是在破坏他们探寻过程中的主人翁意识。

不能有效地和他人游戏会削弱儿童社会化的机会,打击儿童与他人互动的信心,损害他们正处于发展中的自我意识,会在一定程度上导致他们停止探索。更令人担忧的是,他们反而会形成某些最终被证明是缺点的行为。我们都曾听说过,某些学龄儿童很难与人分享,以致他们在朋友圈子中被孤立,周围成人给出的也多为负面反馈。不知不觉中,可能正是由于在儿童期早期缺乏关爱或关注,使得这些好胜心强或自负的孩子在儿童期后期处于不利境地。

参考文献

1. J. Wood. *Gendered Lives: Communication, Gender and Culture.* 5th edn. Belmont, CA: Thomson Wadsworth, 2003.
2. T. David, K. Hirst and C. Nutbrown. *Perspectives on Early Childhood Education.* Stoke on Trent: Trentham Books, 2005.
3. D. Whitebread. *Teaching and Learning in the Early Year.* London: David Fulton, 2003.
4. S. Lester and W. Russell. *Play for a Change Review.* For Play England by National Children's Bureau, 2008.
5. C. Fine. *Delusions of Gender.* London: Icon Books, 2010.

第 3 章

主动学习：学会社交

想到主动学习时，我们的大脑中首先出现的可能是儿童的"忙碌"行为……游戏是儿童主动学习的最佳形式。

就定义而言，尽管新生儿毫无疑问也是人，但他们却不能被称为社会人，因为新生儿尚未被社会化。[1]

想到主动学习时，我们的大脑中首先出现的可能是儿童的"忙碌"行为。作为儿童早期教育的教师或工作者，我们深信游戏的价值，游戏是使得这些行为得以发生的最佳场所。我们可以确定，亲身经历和大量的支持对于儿童充分浸润这些经验非常重要。盖伊·克拉克斯顿和玛格丽特·卡尔[2]介绍了他们关于儿童"准备、愿意和能够"学习的观点，以及儿童形成良好的性情对终身学习的重要性。在我看来，当我们谈论儿童的社会性发展时，有三个方面尤为重要，即身体、情绪和实践。

在思考儿童是如何学习成为社交能手时，儿童的身体发育可能并不是我们首先考虑的方面，但是对自己的身体有掌控感，是儿童将来建立自我概念、自尊、自我效能感和自信的基础。这是他们自我控制的第一步。"儿童需要在他们的身体里有种自在的感觉，从而获得掌控感，他们也需要能够建立联系。"[3]

为儿童提供有力的支持，对他们的个人需求保持敏感，这样他们就可能与你建立牢固的信任关系。许多人都研究过这一观点：儿童有能力控制自己的身体行动，这种控制力还会增强他们的判断能力，进而有助于培养良好的自尊。

卡罗尔·德韦克和埃伦·莱格特针对婴幼儿的情绪发展，提出了"掌握"和"习得性无助"这两个概念，涉及个体形成的关于自我效能的态度。[4]他们发现，习得性无助型儿童与掌握导向型儿童对于智力和个性的看法存在明显差异。他们还描述了具有习得性无助倾向的儿童是如何将失败归因于能力不足，而掌握导向型儿童则将失败归因于努力不够，而努力的程度是他们可以控制的。

安全关系的折射

强烈的自尊和自我效能感是儿童社会性良好发展的最重要条

件。儿童早期的人际互动和关系质量为自尊的发展奠定了基础。透过安全关系的镜头，儿童能够与他人建立更强的依恋，并对他人形成更大的信任，早期依恋的质量会对个体与所爱之人的关系产生终身影响。"儿童感受自身的方式不是天生的或遗传的，而是后天习得的"[5]。

与他人建立安全的关系，儿童就会感到安全，因而能够有效应对冲突，恢复情绪平衡，假设并预演行为和反应的结果，并且在与其世界的关系中建立一种身份安全感。情绪发展的"安全基地"就是给予儿童尊重和尊严，支持他们在更具情绪韧性方面勇于实践，为儿童今后的人际关系奠定基础。

让儿童感到能够掌控自己的身体和对自我的感觉，这就为确保儿童获得自尊，以及相信自身的努力可以产生影响奠定了基础。这也有助于确保儿童真心地想成为社交能手，而不是缺乏掌控或自卑，因此，不会对他们的社会性发展产生不利影响。否则，取而代之的并非一种没有学习的生活，而是产生一种内在倾向，即感到自己不值得别人付出任何努力或时间。

刘易斯星球

儿童并不是天生就懂得如何与他人沟通自己想要的东西，或者如何用语言达到他们的目的。在社会性发展方面，关于如何说服、妥协和谈判的诸多细节，儿童还需不断学习才能掌握。小婴儿生活在自己的世界里，还没有学会同情和共情，不能意识到其他人也会有自己的需求和感受。弗洛伊德称之为本我，皮亚杰称之为自我中心主义，埃里克森将其视为社会性和情绪发展的第二阶段。

我想介绍一下我们家所谓的"刘易斯星球"的故事。在"刘易斯星球"上，处理弟弟刘易斯的事情要远比处理其他人提出的任何实际或合理的请求都重要。在此，只需关注刘易斯，没有其他人或事。两岁后，刘易斯的话虽不多，要求却不少，而且渴望独立，我们在"刘易斯星球"上的生活被刘易斯的欲望绑架了。

但是，对于刘易斯来说，他需要开始学着社会化，和所有婴幼儿一样，他需要懂得如何适应生活，形成一个只属于他的自我概念和身份认同。刘易斯需要把那个只有他的"星球"，转变为一个包括其他人及其需求的"星球"。这一过程称为社会参照，即儿童通过接收照护者及周围人的回应，来衡量自己对这个世界的影响。周围人的个性特征必须适应动态的变化，最重要的是，要以积极的、关爱的视角去应对它。儿童需要知道他们很重要，他们会受到重视和尊重。这对他们如何感知自我以及他们的自信发展至关重要。

靠自己的双脚站立

字典对"蹒跚"(toddle)的定义非常有趣。《柯林斯词典》是这样解释的:"作为名词,它是指蹒跚学步的动作或样子,学步儿(toddler)指的是刚刚学走路的孩子。"而作为动词的解释则是:"步伐小且不稳定,就像小孩子刚刚学习走路时的样子。"[6]

"蹒跚"可用于描述儿童早期走路时步伐缓慢而不稳。但是,对于当今社会的学步儿来说,生活却是快节奏的。家长们迫不及待地把他们送去幼儿园,让他们晚上尽快入睡,让他们自我调节情绪。家长期待孩子快点学会说话,掌握恰当的社交规则以适应更大的世界。由于初为人父或人母,家长在养育家中第一个孩子时都是新手,会给予孩子更多的宽容。除此之外,家长会对家中的其他孩子寄予很大的期望,简单快速地"拔苗助长"。但是作为一种文化群体,我们究竟应该允许儿童"不稳定"多久呢?

充满热情

迈克尔·福利说,热情(zest)是一种"活在当下"的精神状态,是寻求或探索意义、理解或目标的自然的高潮。[7]尽管没有回忆、事先的联想或期待,但是儿童的第一次发现之旅都会兴致勃勃。当然，主动学习时，儿童也会充满热情。作为"刘易斯星球"上的唯一公民，刘易斯站在厨房里，指着某处并不停地说道："嗯啊，嗯啊，嗯啊。"

没有人回应他。他走到早餐桌前，伸手抓住我的手，不让我吃早餐，还紧紧地抓住我的食指，拽着它直到我站起来。

我对他说："哦，刘易斯，你想要什么，我正准备吃饭呢！"

刘易斯拽着我来到厨房，再次反复地说："嗯啊，嗯啊，嗯啊。"

我对他说："你想要什么？是想喝水吗？"

刘易斯用力点点头，于是我拿起一个杯子走到冰箱前。

我对他说："你想喝果汁吗？"

他再次用力地点头，双手轻拍肚子，踮起脚尖做原地跑步状。当我看向他时，他闭上眼，咧着嘴大笑。他的目的达成了，他为自己感到高兴。奖励不仅仅是果汁，还包括他拥有了可以控制成人的力量。他找到了一种沟通途径，不需要可识别的语言，就能解决他口渴的问题。他的行为是积极的、自发的，受独立欲望的推动并取得了成功。

游戏：支持性作用

如果游戏是开放的、无拘无束的，并由儿童自主安排，那么游戏就能促进和培育这种我们经常可以在儿童身上看到的生活的"激情"或"热情"。埃尔金德认为,当儿童游戏的兴趣、动机与探索的机会和谐一致时,他们就会有重大的发现。[8] 如果游戏的机会、经验和资源都已具备,且游戏中儿童的所有感和自主感业已到位,那么转变的关键要素就出现了。没有痛苦或冲突,愿意质疑并修正意义和目的,这是游戏最纯真的本色。在幼教工作中,我们首先需要真诚地接纳儿童的热情需求,然后再有目的地加以利用。

儿童对语言(包括言语的和非言语的)的理解也发生了同样的转变。随着我们越来越熟练地使用语言,词汇量也越来越多,我们就会更加依赖语言而不是非言语的方式进行交流。当"大声说出口"的语言在大多数的人际关系和交流中占据优势时,非言语的语言便退入我们的潜意识当中。当我们通过他人的动作、声音和行为中的某些细微差别来寻求安慰、认可和指导时,非言语的互动方式则更适合在我们更亲密的社交时刻出现。在与婴幼儿进行有效的社交和沟通时,非言语语言的重要性和支持作用不容忽视。

非言语交流

对处于前语言期的婴儿来说，我们的身体和动作所传达的信号和信息是我们与他们交流的主要来源。他们很快就能理解，比如伸开的手掌或食指左右摇动，这种动作经常同时伴随一个声音，意思是"不"。这种拒绝会引发他们强烈的行为反应。

随着我们不断地发展，到能够熟练使用语言时，我们最终会将婴儿期所依赖的非言语交流方式压进了箱底。但是，这种早期语言的意义并没有消失，它依然存在，只不过变成了一种潜意识。你是否经历过对电子信息或文本内容的误解？这就是因为电子媒介缺乏非言语的交流，缺乏讲话者的语音、语调来支持这些字词，所以才会导致误解。同样的道理也适用于两个人对彼此的理解，当一个人已经熟练地掌控了一种语言而另一人却不能时，就容易造成误解。

读懂游戏的信号和模式

你仔细观察过游戏中的儿童吗？某个孩子小心翼翼、一次又一次地把玩具小动物围着桌边摆成一圈，或围绕玩具农场周边摆成一圈，等待出售。还是这个孩子，他坐下来吃午饭，将午餐盒里的东西沿着盘子摆成一圈。这些事件是完全不相关的：一种是自由游戏时间，儿童可以根据自己的兴趣选择参与；另一种是午餐时间，根据英国教育标准局的基本要求，这是在作息时间表中为儿童安排的一段功能性或社交性的时间。但是表现出来的模式是相同的，这个孩子展示出对如何把东西摆放在某些实物边缘的理解，即所谓的径向图式（radial schema）。儿童的主动学习超越了课程、计划、时间表及成人的规划。能够识别这些游戏模式对于解读儿童的认知发展是非常有用的。这是20世纪70年代阿西·克里斯在福禄贝尔幼儿园研究项目中取得的成果，该研究以皮亚杰早期的图式概念为基础，首次界定了一系列儿童主动探索周围世界的行为图式或模式。例如，如果你知道运输图式，它将有助于你理解并关联儿童的行为，为什么他们会花一整天的时间，把看似不相关的东西放在小车上，然后运送到另一个地方。如果儿童总是扔东西，我们常会将其行为消极地归结为"只是成长过程中的一个阶段"，其实儿童可能只是在展示一种轨迹图式。成人不应该阻止儿童探索轨迹图式，相反，成人需要为儿童提供可以容忍的限制，例如什么东西可以扔以及扔到哪里。通常，儿童的行为就是大量图式的组合，诸如孩子把玩具信箱里的所有东西放在玩具橱柜下方，这种行为就是游戏中的定位、轨迹和范围图式。我们都有一定的习惯和行为模式，它们是在我们早期的"图式实验"基础上逐渐形成的。你知道有的人一定要以某种方式把桌子、盘子和餐具,以及架子或其他物品摆放整齐吗?你知道有的人从来不用直线涂鸦吗?你知道有的人特别喜欢盒子吗?我们都认识这样的人,他们的生活并非受到习惯或强迫倾向的限制。因为,遵循某些仪式、习惯和行为模式,通常会使人感到舒适。

行为风险

成人需要把不同的事件和行为联系起来并进行分类,这促使我们对儿童的发展周期、阶段、行为或现有图式进行标记和评估。在当前的教育环境中,当我们进行行为管理时,这一点尤其实用。有一种方法论认为,"如果我们能给它贴标签,我们就会有策略来应对它"。行为管理本身变成了一头野兽,我们已经开始在学校中聘请行为管理专家、学习导师和行为伙伴来应对有行为问题的儿童。我们要学会把不适宜的行为与行为人区分开来,以免给儿童贴标签,伤害他们的自尊或者破坏他们正在发展的价值感。如今流行的做法包括具体的奖惩策略,使个体承担个人责任,并识别哪些可能是不当行为,后果各是什么。应对策略也各不相同,从通过让咬人的婴幼儿看到被咬的受害者,对他们所受的伤害产生积极的、贴心的关注和同情,从而抑制婴幼儿的咬人行为,到为那些被排斥在外的青少年提供有争议的"火星酒吧"文化,以期他们重新融入。所有这些分类、贴标签、评估过程或政策策略,均可以帮助成人处理这些行为。

通常,对儿童而言,他们不能理解自己的行为方式对别人来说是困难的、具有破坏性的或令人不安的;他们忙于体验,无暇顾及其他。只有随着儿童不断长大,要求他们对自己的行为进行反思,才能有效应对他们的行为结果。但是,在我们快速发展的文化中,谁会抽出时间真正和儿童一起做这些事呢?

学会自我调节情绪

学会调节自己的情绪是儿童社会性发展过程中的关键因素。儿童对自己情绪反应的控制,有助于他们掌控其社会经验对自己人际关系的影响。在生命最初的那几年,儿童将学习如何应对生活中的悲伤、愤怒、怀疑、高兴、得意、自豪和嫉妒等情绪。对于那些还在学习如何管理和调节自身情绪的婴幼儿来说,不难理解,他们可能会被自己的情绪所控制,这在一定程度上意味着他们无法自行恢复"正常"。格哈特描述了儿童及其照护者管理困难情绪的过程,并将其称为"一段相互回应的舞蹈"。她还生动地阐述了情感是如何被塑造成为通往他人内心世界和自我内心世界的向导，然后，"一种他人的感受也很重要的文化便出现了，你被驱动着作出回应"[9]。学会自我调节情绪是一件不容易的事情，儿童和成人对此都可能会精疲力竭。作为儿童早期教育工作者，我们要有意识地关注儿童的情感状态，并下意识地关注"他们当前的状态"。儿童的不安情绪以及随之而来的噪声很明显，这可能意味着儿童正在努力自行恢复正常情绪。

如果儿童正处于需要他人帮助才能回归正常情绪的周期，通常最有效的方式不是试图和儿童讲道理，而是中断情绪的过程。我来解释一下其原因。有一次，在3小时的火车旅途中，我到餐车喝咖啡，看见一位年轻的父亲正在努力安抚一个小孩子，孩子在车厢连接处号啕大哭。我向他投去同情的目光，同时心里感叹"带小孩子出来旅行真不容易"，我继续前行。在下一节车厢中，我看到那个孩子的妈妈正在向孩子的爸爸招手，示意她会过去照管孩子。她更关注的是孩子给周围人造成的困扰，而不是孩子的痛苦。我喝完咖啡回座位的路上，发现他们交换了位置，妈妈坐在车厢连接处，红着脸，与孩子"斗争着"，孩子仍旧疯狂哭喊。我停下来问她还好吗？要不要来点咖啡缓解一下焦虑？她笑了。我在她的面前蹲下，在嘈杂的车厢中尽量用最柔和的声音问他们去哪里，并且与她一起感慨带孩子出门真的不易。几分钟后，那个小男孩吸吸鼻子，稍稍安静地抽泣着，他看向我并极力想听清我说的话。这时我开始抚摸他穿着袜子的小脚，而他把手伸向了妈妈的乳房，妈妈为他的行为感到尴尬，我们开玩笑说这孩子可能永远也长不大。我们又聊了一会儿，孩子睡着了。我们谈到有时改变节奏非常重要，通过分散妈妈的注意力足以使其平静下来，同时中断了儿童对什么都抗拒的状态，这也足以让儿童安静下来。他完全忘记了自己开始为什么哭。我的介入足以使他们都平静下来，甚至可能已经改变了这次强烈的情绪体验在未来可能造成的潜在行为模式。

理解的转变

洛利斯·马拉古奇是意大利的儿童早期教育专家，他也是意大利北部小镇"瑞吉欧·艾米里亚学前奇迹"的奠基人，他的哲学通常被称为"瑞吉欧教学法"（Reggio approach）。他描述了儿童的理解发生转变并重构的驱动力，它是一个"儿童不断重建自身同一性"[10]的过程。他认为其哲学观的核心是，儿童作为一种充满疑问和好奇且不妥协的形象，他们有能力重新建构自己的理解。他还强调，这种重建理解的能力，会在与他人的互动以及重要的人际关系中不断增长。

转变理解并协调新旧知识的能力，对于提高儿童在人际关系中的社交和应对情感的能力是至关重要的,它有助于儿童与他人建立关系,并对他人产生同理心。为了达到这一目的,我们必须熟知亲密的社会交往是如何变得不平衡的,以及如何回应这种不平衡,只有这样才能将我们自身,以及我们与重建的自我之间的关系回归舒适的状态。"我们渴望重新形成一种使我们的人际关系更平衡的状态。"[11]

如果我们把这一过程命名为冲突,我们可能是站在成人的角度来理解的,但是冲突未必都是消极的。未解决的冲突会使儿童感到生气并产生对抗,儿童需要时间、空间和机会去练习如何应对社交和情感的不平衡,这些都可以从与充满爱心的成人进行无拘无束的游戏中获得。对儿童来说,社会性游戏的价值以及专注地体验社交的动态过程都十分重要。

社交中的亲近感

亲近感与个体的社会关系、语言和社会性发展关系密切。形成并维持亲近感的能力是儿童从早期关系中习得的。鲍尔比、格哈特、卡普兰和霍多罗夫均描述和探讨过儿童分离平稳过渡的重要性,平稳过渡不会导致儿童缺失同理心,也不会损害儿童与他人形成社交亲近感的能力。尤其对婴幼儿而言,格哈特认为,他们与主要照护者之间的"心理断奶"过程有助于他们开始自我调节强烈的情绪,该观点清楚地解释了一个在儿童的社会性发展过程中至关重要但又无形且不可测量的因素。这是一种内在需要,让儿童觉得自己足够重要,知道如果自己想要的话,就会有一个安全基地来获得情感慰藉。马拉古奇认为,从事儿童教育工作的成人最不可缺少的特征是,和每一个儿童建立人际关系,这种关系建立在尊重和重视儿童的基础之上,并把儿童视为"富有潜力、强大、充满力量和有能力的人"。人们认为儿童有其自身的价值,渴望自己被尊重、受重视,同时又尊重他人,并且对一切可能的事情保持好奇和开放的心态。

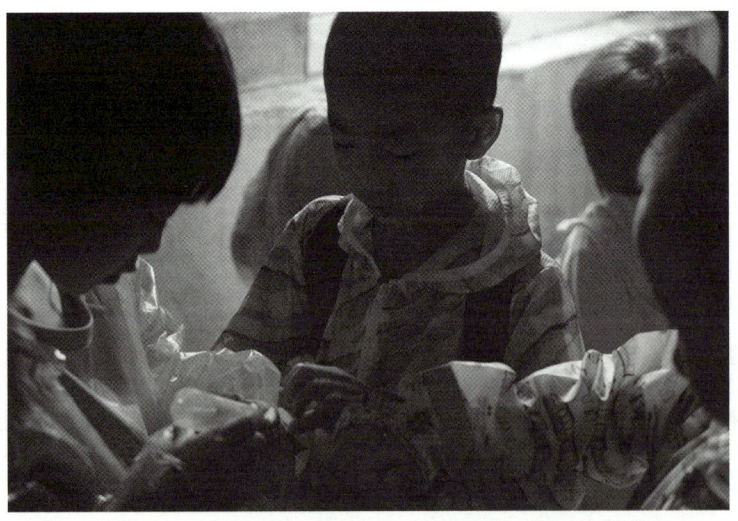

图 3.1　儿童对一切可能的事情保持好奇和开放的心态

发展的步伐和节奏

很多父母和儿童早期教育工作者都认可一日常规在儿童生活中的重要性。它为儿童提供了日常生活中的事件发生顺序的参照点。从生命早期开始，吃饭、睡觉、游戏和安静时间等常规活动有助于发展中的儿童建立稳定性和一致性。常规为儿童的生活秩序提供了一种节奏。许多西方家庭生活在多变的世界中，这个世界充满了动荡，人们对宁静和独处的价值不屑一顾。但是，儿童反省、回忆和沉思的这段安静时间是至关重要的，它有助于儿童学习与周围的世界建立联系，改变自己的情绪状态，以应对新的经验和感受所带来的影响。

儿童将不得不学着去适应一种新的社会病态现象，比如睡眠不足、膳食中营养成分不平衡、缺乏锻炼、污染加剧、父母偏激的教养、数字技术导致的过度刺激以及成长过程中不现实的风险规避。

对许多儿童来说，所有这些可能都是真实的。但是，如果我们肯放慢他们童年的脚步，让他们不时停一停，进行沉思和思考，最重要的是，可以做白日梦，这些都有助于儿童巩固他们的经验，这些经验将成为他们将来美好的回忆。对于儿童早期教育工作者来说，他们经常被他们不得不遵从的条条框框所限制，只能在准则允许的范围内做事情。最重要的是，迄今为止，还没有相关的官方立法对此作出一些规定。我们都知道，在安全的关系中进行高质量的互动，这对于儿童及其社会性发展是多么重要。那么，我们的首要任务就是确保儿童总是拥有优质的时间、空间和机会来与他人进行尊重式的互动；反过来，这也为儿童学会如何进行这样的互动树立了榜样。

"可怕的两岁"对谁而言是可怕的

身为一名母亲和儿童早期教育工作者，很长一段时间以来，"可怕的两岁"这一用语一直困扰着我，它假设大多数儿童都会经历一段消极的阶段。我现在提到这个话题，是因为年幼儿童"不受控制的肌肉屈伸"，某种程度上会对其未来的行为模式产生影响，而且经常被认为是负面的。在学步期，人们可以看到幼儿的发展重点已从生理发育转换到社会性发展。幼儿对于婴儿期仍有强烈的记忆，但他们在幼儿期却喜欢与人作对，这个时期的孩子爱发脾气，并且发现自己的意见能导致某些结果。你有没有听见过幼儿一边大喊着"不要"，一边用他们刚发现的自身力量挣脱你？一匹野马可能都比这个时期的幼儿好管理。

然而，我想说的是，这也是一段成人通常不得不面临很大挑战的时期。有没有可能是因为我们对儿童在学习经验上的这些细微变化的不敏感，才导致了许多冲突呢？

社交性进餐

两岁以前的儿童通常食欲很好，但是现在他们对食物却不再那么感兴趣了，他们更容易被周围的声音和事情分散注意力，而且也更任性了。在我们看来，他们已不再乖乖地吃饭了。这个年龄，以及我们文化中与该年龄段相关的行为认知，都是儿童为了争取独立而进行的抗争，这通常会使家长和儿童早期教育工作者颇为恼火。然而，我们须反思，当儿童坐下来吃饭时，我们实际上又为他们提供了什么呢？是一顿营养丰富的饭菜，是能量补给时间，还是重要的社交经验？

这个时期的儿童认知更加成熟，已经学会相信自己的基本生理需要会得到满足，也能预期会有人给自己食物或对自己的饥饿信号作出回应；儿童现在渴望的是"社交性进餐"。作为成人，我们长期以来已经建立了自己的饮食模式：我们中的一些人有令自己心悦的美食、有专门招待客人的食谱，当然了，也有不健康的饮食习惯。儿童最新的发展进程表是，他们通过进餐可以习得更多的社交经验。但我们仍旧专注于字面意义上的"喂养"这一

图 3.2 社交性进餐

重要任务，很长时间以来，都未能意识到儿童对一切社交事务都产生了强烈的欲望。如果你在与儿童一起就餐时提供的社交经验，并不比你正在经历的其他"社交素材"更有吸引力，那么这顿餐肯定要玩完了。

改变的益处

理查德·雷斯塔克博士在《新的大脑》一书中，将人脑的可塑性描述为大脑的改变能力[12]。在我们的一生中，脑一直在根据我们的经验而不断进行自身塑造。儿童的脑尚未发育成熟，它还在发展新的神经通路、进行突触的修剪，这或许能解释为什么"可怕的两岁"是一个"充满冲突的阶段"。

也许只是我们无法赶上儿童快速发展的脚步罢了！

参考文献

1. B. Davies. *Life in the Classroom and the Playground*. London: Routledge & Kegan Paul, 1982.
2. G. Claxton and M. Carr. 'A Framework for Teaching Learning: The Dynamics of Disposition', Early Years, 2004, 24(1).
3. V. Sherbourne. *Developmental Movement for Children*. London: Worth Publishing, 2001. D. Matsumoto. *People: Psychology from a Culture Perspective*. California: Wadsworth, 1994.
4. D. Pennington. *Essential Personality*. London: Hodder, 2003.
5. I. Siraj-Blatchford and P. Clarke. *Supporting Identity, Diversity and Language*. Buckingham: Open University Press, 2000.
6. *Collins English Dictionary–Complete and Unabridged*. Harper Collins, 1991,1994, 1998, 2000, 2003.
7. M. Foley. *The Age of Absurdity*. London: Simon & Schuster, 2011.
8. D. Elkind. *The Power of Play*. Cambridge, MA: Da Capo Press, 2007.
9. S. Gerhardt. *Why Love Matters: How Affection Shapes a baby's Brain*. London: Routledge, 2004.
10. B. Rankin. 'The Importance of International Socialization among Children in Small Groups: A Conversation with Loris Malaguzzi', *Early Childhood Education*

journal, 2004, 32(2).

11. B. Rankin. 'The Importance of International Socialization among Children in Small Groups: A Conversation with Loris Malaguzzi', *Early Childhood Education journal*, 2004, 32(2).

12. R. Restak. *The New Brain*. London: Rodale Publishing, 2004.

第 4 章

创造社交语言

父母和儿童早期教育工作者肩负着重要使命,要为儿童提供观察、练习和探索社交语言和社交行为的机会。

成人认为友谊发展的原因是人们彼此喜欢。与之相反，儿童认为，亲近或者与某人待在一起，是友谊的首要因素。[1]

社交需要大量的情绪能量，需要感官的投入，需要运用记忆和回忆，还需要有意识地、积极地与他人接触。作为成人，无论我们是否意识到，我们都有责任为我们自己的孩子以及我们可能要为之负责的孩子树立榜样，教会他们在我们生活的这个世界中，如何成为合格的一员。作为父母和儿童早期教育工作者，我们应该敏锐地意识到，我们的孩子需要变得善于为同伴和周围更广阔的世界所接纳。我们肩负着重要使命，要为他们提供观察、练习和探索社交语言、社交行为的机会。

允许练习

  我想提醒大家关注儿童对实践活动的练习。作为儿童，练习语言和融入社会最重要的目的是让他们知道，玩文字和语言游戏是完全被接受的，这个过程没有错，有的只是儿童对语言使用的语境判断有误。下面我来解释一下我的意思。

  有一段时间，我在当地的一家幼儿园工作，我非常享受和一群孩子一起读书的时光。我们通过书中的插图以及角色的行为背景大致读懂了故事，并唱出书中角色发出的声音。伴随着许多"呜呜"的"鸣笛声"，我们深深地沉浸在这些多彩迷人的故事书中。但是不一会儿，一个孩子提议用"poo-poo"和"wee-wee"*作为故事中人物的名字。其他孩子捂着嘴咯咯直笑，眼睛快速地在那个孩子和我之间来回扫视，等着我回应。我巧妙地答道："但是'poo'的韵脚是什么呢？"我们试着发出和"poo"押韵并且适合这个故事的声音，大家一边唱一边咯咯地笑，然后继续快速地唱着"She wears great big shoe, shoes"。就在我们用自己创作的

---

* "poo-poo"和"wee-wee"即为中文中的儿语"便便"和"嘘嘘"，充满童趣。这里保留英文，是为了体现英文的韵律。——编者注

韵律唱着我们的新词"poo-poo"和"That's just what we do-do"的时候,另一位成人走进了房间,她站在房间的另一边,突然插了一嘴:"别这样做,谢谢!"

这个成人在判断我们所使用的这些词语是否恰当,但是她并不了解我们应用这些词语的社交语境。她用自己学到的社交礼仪规则和价值标准来评判哪些语言是恰当的。然而,这位经验丰富的从业者为孩子们所做的只是强调如何使用"对的"或"社交中正确"的词语,这与我们充满好奇的大脑使用这些词语尝试进行语言和思想创新相比,可能并不是那么重要。在我们刚开始讲故事时,她并不在房间里,所以无法结合语境来理解我们这样使用韵律。

这也难怪儿童会偏爱这样的词语。对他们来说,通过使用或误用这些词语能引起成人极大的反应,这才是重点:周围人的反应和回答有助于儿童理解社交和语言的规则及情境。即使是婴幼儿也会为了引起成人的反应而误用语言,甚至可以说,他们会刻意地这样做。

社会参照

随着年幼儿童开始逐步理解这个社会化的世界是如何运转

的，他们会对周围的人和事的反应产生极大的兴趣。这一兴趣会激发他们的交流需求。儿童早期的交流是从观察开始的，他们首先对所见所闻进行模仿。然后，儿童就学会了如何对所感知到的行为作出回应，或者形成特定的反应模式。这个线性过程既体现在社交行为方面，也表现在身体和口头语言上。谢弗把这个必然的过程描述为社交参照，每个人都要经历这一过程。[2]

词　意

婴儿以及处于前言语阶段的年幼儿童会重复使用词汇，通常还伴有手势或动作来补充想要表达的意思，这样有助于儿童提供词语的符号表征意义。

维果茨基将这一过程定义为内化（internalization），指对经历过的外部过程或一系列体验的内在理解，这是一个重复行动—回应的过程，其中伴有期望。康诺利用一个有关婴儿的例子，对此做了详细的阐述。

起初，婴儿的动作仅仅表明他们想去够身边的东西，可是怎么也够不到。他们的胳膊保持着伸直的姿势，朝向那个东西。但是，当成人对婴儿的这个动作作出回应时，情况就变了。成人通常会把婴儿试图抓取东西的这一动作理解为一种手势，于是他们就把目标物直接拿给婴儿。随着时间的推移，婴儿开始根据周围人的解释和行动，对自己的行为重新进行解释。因此，起初只是未能成功够到东西的一次尝试，最终演变成婴儿用来指给另一个人看的手势。[3]

儿童学习使用适宜的语言，对所处文化中的特定互动和情境作出回应，其行动—回应的内化过程是相同的。文化适宜性语言是儿童在社交过程中创造出来并被吸收的，儿童会根据成人的反应确定其是否恰当。

第一次教儿童游泳，儿童浸在水中时可能会忘记自然的本能反应而屏住呼吸，成人通过运用不断重复的语言和动作序列，可以让儿童重新学会在水中呼吸。通过叫儿童的名字的方式来集中他们的注意力，使用"准备"一词来提醒他们接下来将会发生什么，然后让他们反复地浸在水中以激发他们学会水下呼吸。

针对年龄大一点的、会说话的儿童，为他们提供活动和机会能增强他们尝试交流的意愿，鼓励他们进行词汇练习，这些都非常重要。使用开放式资源，例如自然资源、大小不一的箱子或盒子、水、灯光和坐垫等，使用这些资源并不是想做成什么东西，只是为儿童提供无限的机会去探索自己的想法，有助于他们发展创造力和想象力。任何事物，比如能促进年幼儿童表征性思维、提供机会让他们对事物和经验进行再创造，以及能鼓励尝试或产生新想法的事物，都能强化年幼儿童使用新语言的能力。年幼儿童能够克服偶尔出现的新的社交难题，使用语言对事物、观点和思想进行符号表征，这一能力能够促进其认知发展。随着语言能力的提高和词汇量的增加，他们试图表达自己所见所闻的动力和信心更足了，表达自己的想法和观点的动机也开始涌现。

儿童的叽叽喳喳声

在儿童期早期，儿童的生理发育和认知发展固然重要，但儿童与成人和同伴的社会交往也同样重要，或者说更为重要。[4]

友谊为年幼儿童探索新经验提供了相当重要的基础。成人之间自由分享经验，可以提供有价值的观点、创造力和新语言。当儿童互相用符号来表达他们的想法时，我们应该允许他们自由地使用语言和词汇，包括他们自己创造的好玩的替代词，以及那些他们发明的我们不知道的"代码"。我会在第 5 章和第 9 章中与大家一起探讨同伴早期友谊的价值和重要性。

图 4.1　儿童发展友谊的同时，促进了语言的发展

对话的语境

有证据表明，如果儿童有更多的机会参与社会交往，不论是与大家庭的成员，还是与兄弟姐妹和成人亲属，其个体的心理表征理论都会得到更快速的发展。海伦认为："当幼儿在一起游戏时，他们会用物品来相互扩展经验，并提议用一种新的方式进行假装游戏，这会促进认知的进一步发展。"[5]

心理表征理论意味着我们能够在抽象层面思考事物的意义，而无须有形的、可见的表征。它能够增强儿童思考概念的能力，最为关键的是，它能增强儿童的创造性思维和批判性思维的能力。

它让儿童意识到，事物的存在以及游戏和思考还有其他的方式。获得心理表征理论后，儿童就可以玩"如果"游戏了，当他们努力尝试表达新想法并与他人一起实现这些想法时，这通常有助于他们词汇量的激增。

在一项"关于我的一切"的主题活动中，对两个小男孩来说，"生日""年龄"和"体重"都是新概念。他们新的关联性思维产生了概念上的冲突，这种新思维更具有象征意义，儿童也更加自信，他们的表现如下：

儿童 A 对我说："我应该先说，因为我比他'高'5 个月！他 4 岁，我 5 岁！"

儿童 B 对儿童 A 说："但是 2 月在 5 月的前面！我应该先说！"

发现乐趣

当允许年幼儿童玩一些语言游戏并给他们提供机会时，他们会对语言产生一生的热爱。从玩"躲猫猫"游戏到制造破坏性噪声，再到故意做一些令成人震惊的事，儿童乐此不疲地发明一些新词汇，以促进成人与自己进行互动，尤其是他们一起玩的时候。优秀的儿童早期教育工作者的一个重要贡献是，能够愉快地成为年幼儿童的玩伴，使得儿童能够按照自己的意愿玩耍，并且擅长玩语言游戏。这可以鼓励儿童明白，没有错误的词语，只有更适合或被自己文化认可的词语。

相关理论

在儿童的安全依恋与向心理表征理论的快速转变之间，存在着十分密切的联系。当儿童在情感上感到足够安全，认为自己值得、有资格交往和互动时，他们就会从内部被激励与他人一起寻求对意义的共同理解。这暗示了儿童社交互动经验的质量与数量同等重要。维果茨基认为，社交互动是儿童认知发展的主要舞台。谢弗、希尔瓦和伦特等人将联合参与事件（joint involvement episode，JIE）描述为建立社会框架的重要机会，社会框架有助于儿童认知和情绪的高质量发展。这些联合参与事件，是照护者和儿童双方都有意向的卷入，来自双方身体上的亲密接触，且在那里仅有双方相互的卷入。泽迪克称之为"彼此爱上对方的时刻"[6]，这是母亲和孩子共同经历的一种依恋。希尔瓦继续发展了"持续共享思维"的教育理念，将其作为 EPPE 项目*的一部分，这是

---

* 英国的学前教育有效供给研究（The Effective Provision of Pre-school Education，EPPE）是一个规模较大的纵向研究项目，通过评估 3~7 岁儿童的成就和发展，研究学前教育对儿童入学后认知和社会行为发展的影响，以及对儿童以后学习发展的持续影响。——编者注

与小婴儿进行高质量互动的一种实践模式。[7]费雷·利弗斯的《幸福感和参与量表》（Wellbeing and Involvement Scales）也明确地将儿童建立的安全感与其融入周围的社交、认知和情感世界的意愿联系起来。《鲁汶量表》（Leuven Scales）则关注并确定儿童的参与程度，并将其作为儿童幸福状态的直接反映，即一个乐于参与和投入的学习者。参与程度能够反映儿童的身体语言和行为，从而发现任何阻碍儿童探索、发现和游戏的因素。重要的是，这样的反应是在儿童与熟悉的成人之间信任且安全的关系背景下出现的。这是为了限制新的环境或新的人际关系可能暂时给儿童带来的社交和情感压力，从而维护儿童的心理健康。

社交游戏技能

你曾经与不知道如何玩社交游戏的儿童互动过吗？重点不是让游戏无法进行下去的特定信号，而是儿童尚未掌握必备的技能。儿童还没有表现出与他人（成人或儿童）一起游戏的能力或意愿。或者他们还不会说话，或者他们没有使用语言的自信，因而无法参与到其他人当中。这些儿童常常在旁边看着别人玩，保持着对新群体的警惕，当游戏超出他们的理解范畴或别人去其他地方游戏时，他们就会沮丧。这些儿童常常站在沙坑或水桌旁边，这两个地方在任何一家幼儿园都是公认的"单身吧台"。对于那些需要巩固社交技能的儿童来说，他们需要借助特定的游戏状态，避免中途有他们不欢迎或不认识的人参与进来，而沙坑和水桌这两种活动的形式和规模为紧张的儿童提供了有利的地势和天然的物理屏障。我所指的相关的游戏状态[8]包括：单独游戏、旁观者游戏、平行游戏、联合游戏和合作游戏。在年幼儿童获得足够的社交和认知技能，并能加入或退出不同模式的游戏之前，他们会依次经历这些不同的游戏状态。例如，当儿童认为自己能够独立地与陌生人进行多次社交互动时，他们就会从旁观者游戏阶段进入平行游戏阶段。一旦儿童能够愉快地在另一个人旁边游戏，他们就开始进入联合游戏阶段，在这一阶段，儿童能够与他人自由地互动，并一起制定游戏方案。

表明儿童不确定如何进入社交空间的其他信号还有：不愿意与他人打交道；除在有封闭式结果的活动中外，儿童在其他任何活动中都更健谈；明显缺乏用动作或语言进行交流的能力。也许一名儿童想要参与其中，但由于其他人打断了他们的互动而陷入沮丧，或者一名儿童对游戏目标的改变有多次过度的反应。我非常确定，在描述这些游戏类型时我使用了"阶段"一词，当然也可以用其他词语来表达。用"阶段"是想强调一种普遍但通常被忽视的行为，这种行为在儿童期频繁出现。我们提到并记录这些阶段，好像它们是分等级的，一个阶段接着一个阶段，不能倒退发展。我们对这一点的关注与我们目前所处的"进步和结果"的教育文化相悖。

图 4.2　儿童获得越来越多的技能后，便会进入合作游戏阶段

关系游戏所需的社交技能是游戏的基础，也是补充。儿童没有从单独游戏阶段发展到平行游戏、联合游戏，进而到合作游戏阶段，而是获得了越来越多的技能，这有助于他们选择如何与其他人互动或不互动。你也许会发现，有些处于单独游戏阶段的儿童在幼儿园中更具优势地位，也会有平行游戏阶段的儿童回过头来寻找可以协调他们遇到的新社交技巧的空间，或者找时间独自一人或与其他人一起思考新经验。当儿童能够建立联系并进行合作后，他们也不会停止享受与他人一对一的交流或独处。不能仅仅因为我喜欢与家人一起在花园工作，在春天种些花草，就说我不喜欢独自一人安静地享受艾伦·蒂施马奇的作品。

重要的社交语言技能

合作和协商在熟练的社交中发挥着关键的作用。同理，说和听是今后读写能力的基础，与他人一起工作、验证想法以及分享目标是有效的社交技能的根基。

在第 2 章中，我们讨论了如何探索和发现游戏最纯粹的要素，以及如何不将我们成人的游戏目的（通常是一些出于好意的安排）强加给儿童，这一点非常重要，尤其与本章关于创造社交语言的讨论密切相关。我们与儿童之间的早期互动，向儿童刻画了我们眼中他们的样子，也向他们表明我们成人会如何对待他们，他们也可能据此形成与他人（比他们年龄大或小的人）关系的早期模式，这种模式会持续一生。

儿童对如何与人交流是有认知期待的。科尔温认为，母婴之间早期的亲密交流对这一认知期待的发展至关重要。[9]"妈妈语"（motherese）就是这种亲密关系的语言，包括我们与任何一个年幼儿童，尤其是前言语阶段的小婴儿进行互惠式互动中的任何部分。有足够的证据表明，积极的关系习惯与个体未来安全的情绪基础之间存在强相关。在生命早期，儿童与喜欢他们的照护者之间的高质量互动，有助于培养儿童的这种积极的关系习惯。这并不是什么高深的科学道理，我知道，对于那些让我莫名地感到不安或只是让我感觉不好的人，我会很快停止与他们的互动。

随着儿童的社交圈逐渐变大，儿童开始学习与各种不同的人交往和互动，其中既有同伴也有成人，我们不能保证他们每次都能积极地融入其中。确保儿童安全，让他们远离导致麻烦或引发痛苦的人和事，在这方面，父母都非常敏锐，而对儿童早期教育工作者来说也是一种挑战。"冰壶家长"（curling parent）或"直升机妈妈"（hover mum）的概念，指的就是那些试图为自己的孩子铺平道路的父母或成人，殊不知，他们这样做有时也会对儿童造成伤害。儿童需要培养必要的社交技能，这些技能有助于他们独立、和谐地与任何类型的人相处。当成人向儿童示范应对新事物或新环境的积极方式时，便是为儿童的早期社交技能提供了"脚手架"，这意味着灵活性、适应性、创造性和稳定性。确保新经验中总有一个元素是儿童知道的，这个元素可以是作为儿童固定玩伴的你，也可以是儿童最喜欢的一种资源，或者是儿童熟悉的地方或故事。通过这种方式，大多数儿童能够热情地接受任何新经验。

通过鼓励儿童对社交机会和可能性保持开放的意愿，可以建立胜任社交技能的早期习惯。不要总是追求"第一""最好"或"正确"，而是寻求公平、体谅他人。无论是照护单个的婴幼儿还是照护婴幼儿群体，清晰的游戏规则和行为准则，或者我们期望他人如何对待我们的基本原则，通常都有助于培养儿童的社交技能。成人通过与儿童或其他成人互动，为儿童示范适宜的社交互动模式，这能为儿童更好地应对将来遇到的人和事提供框架，也为儿童如何有效地用自己的方式与他人沟通提供潜在线索。

倾听的语言

越来越多的证据表明，个体早期的福祉与情绪之间的关系非常重要，它会影响个体以后的社交能力。这让我想起了奎恩夫妇开展的一个小规模研究项目[10]，他们简单地观察了成人与儿童之间的谈话。观察地点不是托儿所或学校，也不是期望成人与儿童积极互动的正规教育场所，而是某个周六下午繁忙的大街上。我被他们的研究发现吸引住了，决定也要亲自体验一下。我去了当地的超市，走过商业街，去过快餐店，还在知名的连锁商店待了一会儿。

观察到的基本语言技巧包括倾听、话轮转换、读懂非语言信号和肢体语言，以及一些硬性的元素，如词汇和语法。奎恩夫妇的研究以及我自己通过观察周围成人和儿童的互动发现，成人在与儿童的日常互动中对儿童表现出的尊重少得令人震惊。还有一些成人与儿童的互动是惩罚性的、命令式的，匆忙且不耐烦，几乎没有任何积极的肢体语言来缓和这些信息带给儿童的消极影响。成人常常在儿童的身后跟他们说话，而不是在儿童的视线之内，比如或者是孩子坐在婴儿车里，或者是成人牵着儿童的手。他们几乎没有眼神交流，也鲜有通过模仿彼此的身体姿势或手势来表现出他们对互动的兴趣。当成人控制了与儿童的互动时，他们就会经常用手指着孩子的小脸说话。成人还有很多的抱怨：孩子不听话、不交流或注意力不集中。我们确定自己给了孩子去做好这些的一个积极的理由了吗？

在有效交流的实际层面和条件下，在尊重、回应、充满关爱的互动得到广泛认可的背景下,有一些不太明显的倾听技巧对儿童未来的社交能力也很重要。作为成人,我们是否会花足够多的时间,通过倾听去真正发现他人想表达的意思?我们能否做到不带任何恼怒和不耐烦情绪的倾听?我们如何将真正的倾听技巧传授给我们的孩子?我们清楚自己在做什么吗?所有这些倾听的习惯都是在生活中建立起来的,但是我们该如何向儿童展示怎样去倾听呢?

替儿童发声

我们普遍认同儿童拥有话语权,拥有被倾听的权利。一些人会抱怨现在的孩子说得太多,有太多想要说的。休·坎宁安让我们回想起"成人团结一致"的怀旧时代:当某些成人设定了一些界限时,其他成人全都给予支持,至少看起来是这样。[11]弗里迪、帕尔默和吉尔描述了最近出现的一种文化转变,即对儿童及其童年普遍采取规避风险的态度。天知道是哪些人搞出的这些社交行为会让成人和儿童都筋疲力尽。譬如,面对冬天的第一场雪,你必定听过类似这样的话:"学校操场上禁止滚雪球",或者"戴好全套的护膝和护肘才能滑雪"。你不禁诧异,常识都去哪里了?许多成人似乎无法想象儿童能够判断自己面临的危险和挑战。当儿童摔倒时，成人伴随着"啊"的一声，深吸一口凉气，我把这一现象称为"保姆膝盖综合征"。什么时候我们让儿童自己决定疼不疼，自己决定是否因疼痛而哭出声来？同样的道理，在儿童能够表达自己的见解很久之后，我们该如何替孩子发声？

面对小婴儿，我们试图成为他们兴趣的代言人、幸福的守护者，我们定期讨论他们及其需要，就好像这样做是理所当然的，但何时我们才意识到孩子是能够用语言来表达自己的？是当他们能告诉我们他们想要什么时，还是当他们告诉我们，他们想要的恰恰也正是我们想要的？抑或是当他们能够通过语言或合适的社交技能表达一种观点或概念之时？

让我们回到游泳池这一情境并给予解释。几名幼儿正在上游泳课，当教练帮助两名能力稍弱的幼儿调整浮板时，在一个拥挤的休息室里，一位家长大声抱怨孩子上课时很多时间都在等待和"闲逛"。这位家长说不是第一次发生这样的事情了，她的孩子在课上什么都没学到。这位家长问过自己的孩子觉得这个课怎么样了吗？家长有没有想过问问孩子自己的感觉，在课上学得多还是少，等待的时间是否太长？孩子认为自己的游泳能力有没有提高？其实最为关键的是，在集体活动时，孩子是否喜欢与朋友聊天？令人惊奇的是，幼儿能够表达自己喜欢或者不喜欢。也许问题的关键是，父母认为孩子的游泳课是否值得他们花这么多钱。

我很好奇，父母代表孩子说的是否是孩子自己的想法。

这是一个关于尊重的故事，它不是当前青年文化中的那种"尊重"，而是允许并重视他人对影响他们自己的事务发表意见和建议。当然，我所强调的尊重，不是建议小孩子们上街抗议，要求每天午餐都吃意大利面；也不是建议由年幼儿童不切实际地规划他们的回家路线。

挑战和困境

善于社交并习得语言，无疑将有助于儿童享受和掌控社交过程。探讨完这一观点后，我们现在来看另一种儿童。这类儿童似乎非常独立和自信，不需要甚至可以说不喜欢公开的社交活动。我们应该如何用语言来描述他们？害羞？安静？孤独？保守？当其他儿童都在参与一项活动时，有些儿童似乎不会被其他儿童的兴致所影响。应该怎么形容这类儿童呢？精神自由者？空想家？他们中的大多数被认为不适合在学校环境中学习。我们应该如何区分这些儿童呢？

处于另一极端的儿童，则擅于交际、十分自信，在同伴中广受欢迎，但是，就是这样的儿童对成人来说也是一种挑战。不在"社交的安全区域"（详见第7章）的儿童，通常会被周围的成人给予负面的评价。难怪人们普遍把儿童神经官能症看作一种危机。

在实践层面上，我们可以将在宝宝背后推童车换成面对着宝宝推车前行。这种方式不仅更具社交性，而且宝宝还可以与重要的他人一起探索世界，从而为他们提供一种亲密的保护性社交屏障。

值得注意的是，我们如何安全地约束儿童？我们应该知道，儿童随时都有与其他人接触的权利，而且互动在儿童早期也非常重要。我们是否记录了儿童在一个餐椅上待了多久？他们被束缚在汽车后座安全座椅上多长时间了？随着年龄的增长，这些约束削弱了儿童的行动自由和自主感，使他们一点一点地陷入困境。难怪这些限制会导致矛盾冲突！当你已经表明自己想步行并沿途进行探索时，你还会喜欢被束缚在童车里吗？终点，仅仅对成人来说是重要的，年幼儿童还没有掌握事件序列以及"达到目的的手段"等概念，对他们来说，沿路探索是没有终点的。

参考文献

1. B. Davies. *Life in the Classroom and the Playground.* London: Routledge & Kegan Paul,1982.

2. H. R. Schaffer. *Introducing Child Psychology*. Oxford: Blackwell, 2004.
3. P. Connolly. *Boys and Schooling in the Early Years*. London: Routledge Falmer, 2004.
4. H. Bee and D. Boyd. *The Developing Child*. 10th edn. Harlow: Pearson, 2010.
5. H. Bee and D. Boyd. *The Developing Child*. 10th edn. Harlow: Pearson, 2010.
6. S. Zeedyk and J. Robertson. 'The Connected Baby: A Film Conversation'. UK: The British Psychological Society, 2011.
7. K. Sylva, E. Melhuish, P. Sammons, I. Siraj-Blatchford and B. Taggart. *The Effective Provision of Pre-School Education*. DfES, 2003.
8. T. Bruce and C. Meggitt. *Child Care and Education*. London: Hodder & Stoughton Educational, 2002.
9. K. Sylva and I. Lunt. *Child Development: A First Course*. Oxford: Blackwell, 1982.
10. M. Quinn and T. Quinn. *From Pram to Primary*. Belfast: Co Down Universities Press, 1995.
11. H. Cunningham. *The Invention of Childhood*. London: BBC Books, 2006.

第5章

观察儿童谈话

随着内部语言的发展，儿童需要丰富的、连贯的直接经验，用以实践和探索其所学语言的词汇和结构是如何联系起来以成功传达语义的。

妈妈，上帝会保佑我们优雅的女王吗？他会怎么保护呢？

——埃米莉（5岁）

正如乔姆斯基所描述的语言获得装置，随着内部语言的发展，儿童需要丰富的、连贯的直接经验，用以实践和探索其所学语言的词汇和结构是如何联系起来以成功传达语义的。数年前的一次例行观察中，我和一个孩子在沙坑中一起挖宝。当他挖出一个小筛子时，我问："你发现了什么？"那个孩子回答道："一个小网。"我三次都称呼它为"筛子"，可他没有改用我说的名称，依然坚持叫它"小网"，他用自己的词汇说："看我怎么用这个小网，把沙子都放在小网里，然后装进我的桶里。我再往小网里放些沙子，然后再往桶里装更多沙子。看，就这样抖它。"

这个儿童知道他的玩具是一个小网，而且非常自信，想向我展示它的功能满足了他所有的需求。因此，他已经掌握了目前为止所学的关于网及其用途的知识。我反复提到它是一个筛子，可以用于过滤东西，但这个孩子在此之前的生活中还未曾遇到这个东西。

我对他之后的行为至今记忆犹新。由于我当时没有认同他对这个"小网"的称呼及其用途的理解，他竟然立马从我身边走开了！他也曾试过和我交流，寻找我们的共同点，甚至回答了我提问的"他发现了什么"这种无意义的问题。他试图通过向我解释他在做什么以帮助我加入他的游戏，但我没有倾听他在说什么，我更关注的是提高他对"筛子"概念的认识，而不是花时间和他一起探索。这导致他礼貌地"开除"了我这个玩伴。那天，这个孩子给我上了很有价值的一课：你必须真正去倾听儿童。

社交安全区

与周围的人建立良好的人际关系以及进行社交互动，有助于培养儿童运用语言象征性地表达事物的能力，在第3章和第4章中，我们对此进行了探讨。大量证据表明，实践、机会和他人的认可对儿童的沟通技能以及社会性发展潜能具有至关重要的作用。但是，我们为儿童提供安全的社交环境了吗？是否为儿童参与许多假装游戏提供了充分的条件，鼓励儿童具备积极的心态，为儿童提供尊重和适宜的社交规则示范，并给予他们足够的时间充分发挥自己的想象力了吗？回答这些问题，有助于我们明确自己所从事的幼教工作的实践，为年幼儿童提供最有益的环境，让他们获得参与并探索语言的丰富机会。

友谊的表面价值

我们除了倾听儿童，积极参与到他们的想法以及有关世界是如何构成和运作的假设之中，还需要给他们提供机会，允许他们发展与同伴共同的语言意义。

他们共享同一个世界，儿童早期的忠诚有助于他们达成一致的观点，构建共同的语言意义，并开始表现出与他人的合作行为。

分享经验能让儿童将他们的所见所闻所感联系起来。通过参加集体活动，他们不仅有机会发展友谊，发现并实践群体动力，而且还能够与他人分享自己独到的理解。在这一过程中，儿童开始理解事物之间是如何联系的，以及如何用语言来描述它们，他

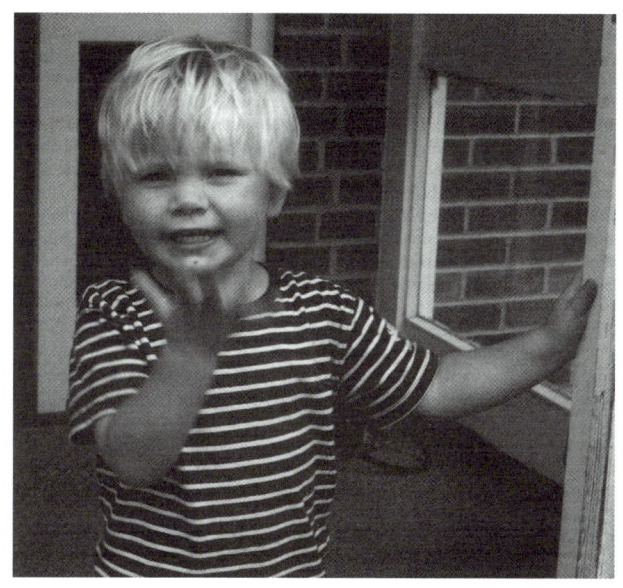

图 5.1 儿童比画着表达词意

们开始在更广阔的环境中内化自己的知识和理解。这种共享实践鼓励儿童发展自主性、自我效能感以及对他人的信任，更重要的是，对他人想法的宽容态度。

作为成人，我们认为最亲密的友谊是建立在共同的经历、回忆和价值观基础之上的。我们的朋友中可能有儿时的玩伴、同学、同事，或者是一起开始新工作或加入俱乐部时相识的人，或者是与自己孩子差不多大的其他孩子的家长。友谊的背景也会随着我们自身经历的变化而改变，但年幼儿童没有这么复杂的经历，他们对友谊的看法停留在表面。在彻底社会化之前，儿童意识不到成人角色及其人际关系的复杂和微妙之处。他们还没有足够的经验，使其可以在社交互动中熟练运用社交规则。

举个例子，某个孩子的玩具多次遭到另一个孩子的抢夺，但他依然会坚持和这个孩子一起玩耍。他们的情绪和语言发展尚不成熟，无法调解另一个孩子对他拥有这个玩具的嫉妒之情，也不具备共情能力，无法在理解另一个孩子感受的基础上改善与其互动的结果。只有通过分享经验的实践，儿童才能学会应对玩具被抢的策略和语言，并且理解抢别人的东西是一种不被社会接纳的行为。在儿童依然缺乏社交经验的情况下，任何与他/她一起玩耍或抢其东西的人，都依然有资格做他/她的朋友。

儿童假定所有人都彼此尊重，因为他们还不具有"泛化他人"的概念，无法意识到成人凌驾于儿童之上的霸主地位。年幼儿童在人际交往中建立自己的观点，却不能感知其他人的观点或立场。简单来说，他们对成人世界中社会地位的自然等级还浑然不知，毫不质疑"所有人彼此尊重"这一假设。只有当他们意识到自己和他人之间的差异后，文化价值观和预期的社会等级、地位等这些因素才开始影响他们对个人同一性的早期认知。

儿童之间的互动是平等的，最显著的特点是互惠互利，并愿意接受他人的观点。儿童之间的世界既不是真实的也不是虚幻的；

儿童没有足够的经验把它当作完全的真实世界或虚幻世界，所以它的存在只是为了共同探索各种可能性——包括思维、创造、语言、社交实践和情绪韧性，这些能力是个体一生中人际关系的基础。

社会客体

婴幼儿会与客体或物品交谈：他们会对树、汽车和公交车挥手说再见，并试图与任何有面孔的客体交谈。他们很早就理解了社交概念，知道到达时要说"你好"，离开时要说"再见"，但他们并不懂得浴室中的水经排水孔排出时，并不像人离开时一样期待一声"再见"。他们尚不具备认知和社交方面的能力去理解客体就仅是客体而已。但正是这些被赋予了人格特征的物品，对儿童而言在情感上有珍贵之处，比如儿童深爱的旧毛绒玩具。你知道，即使这个毛绒玩具急需清洗，你也不得不等孩子睡着后再拿走。这些安全而舒适的物品可能有不同的外观，也许是保姆遗落的围巾，也许是一个孩子喜欢的枕套上的商标。对卢卡小朋友来说也许是一堆戴在脖子上的饰物，他妈妈称之为"口袋填充物"，他每天都会一丝不苟地把这些东西塞满自己的衣服口袋。他开始给这些东西起名字，他妈妈开始担心这也许暗示着他正在遭受强迫症或压力的折磨。但如果你真正去聆听卢卡解释他珍爱的这些小饰品、标签、徽章和笔的名字时，你会意识到他并不是一个正在承受压力的 4 岁男孩，他只是一个随身带着自己全部回忆的男孩。

练习假装

随着儿童的社会性不断发展成熟，在假装游戏中，使用儿童信任的物品可以为儿童充满想象力的探索提供社交伙伴。儿童喜欢在洗澡时对着自己最喜爱的玩具喋喋不休，或者把手表当作"对讲机"喊话，这些都是儿童在忙于充满想象的游戏。当给予儿童充足的时间，并支持他们发挥自己的想象力时，他们尝试新的可能性的信心是最佳的。在假装游戏的安全区域内，所有的结果都是可能的，所有感知到的失败都是可以接受的，所有创意都是可探寻的。在这个安全的假装世界里，没有一个选项是最终答案或预设好的，一切都可以被接受。想象一下，如果其他人带着自己的想法和假设加入你的假装游戏会怎样呢？儿童会热衷于这充满可能性的虚幻乐土，会将一个舒适的玩具或物品想象成同伴，这种精神状态最有利于他人与儿童的早期社交。分享和发展创意的潜能源于儿童的天性。当你花时间和他们一起探索这些想

图 5.2　随着社会性的不断发展，儿童忙于充满想象的游戏

法时，其实就是在为年幼儿童练习基本的社交技能提供良好的机会。

假装游戏为儿童提供了安全场所，做错任何事都没关系。在假装游戏中，儿童可以创造性地思考，保持对自己和他人想法的本能反应，以及想法成熟后对社交动态作出的情绪反应。假装游戏有助于儿童练习如何在认知、情绪和社交的不确定性中保持情绪稳定。这对他们未来的情绪韧性和创造力是至关重要的，这些能力能让儿童对各种可能性持开放态度，而且能够容忍失败。正如肯·罗宾逊所言："如果你没有准备好犯错，你将永远也想不出任何原创性的东西。"[1]

群体的吸引力

一旦意识到同伴群体的重要性，这个概念还可以进一步发展。儿童需要与同伴共处，使互惠交流的机会最大化，这可能就是儿童会优先考虑接近某人的原因，而且，接近始终是儿童友谊的一个基础要素。当儿童第一次聚在一起时，他们开始理解彼此处于陌生的新环境，朋友正是儿童在这种环境中构建意义的来源。作为意义的来源，朋友也是关系认同的来源，有助于儿童将这个广阔的世界转变为易于社交的场所。

作为儿童早期教育工作者或孩子的家长，我们实际上能做的就是按照自己的所学去示范情绪和社会可接受的界限。这些都是非常主观和个性化的，基于我们自己的生活经验，有好有坏。它们受我们的文化修养、价值观和信仰的影响，并通过我们与他人的交谈和互动方式反映给儿童。最终，我们只是希望儿童的自尊能得到充分的滋养，且他们能通过足够的实践来发展情绪韧性和社交技能，以便他们在遇到感觉糟糕的互动或人际关系时，也有能力自己处理和应对。儿童需要练习社交技能，确保他们在面对暂时不喜欢自己的人时，能够保持足够的情绪安全和情绪韧性，能够承受这些事件的后果。通常，一旦儿童开始在广阔的世界中参加社交活动，他们的同伴及价值观往往会对他们产生很大的影响，尤其是在开始上学后。因为同伴经常分享可感知且更具可比性的经验，这就使得他们成了儿童更有用的情感参照点。

偶然的朋友

当儿童在交友方面变得更老练，社会性和情感发展更成熟时，他们开始在与周围人的关系中练习判断道德意义上的"是与非"。通常，儿童可以接受偶然出现的朋友。虽然他们不一定能真正成为朋友，但儿童知道，这些人在非常时刻可以称得上是朋友。儿童很难有大量的独处时间，事实上，在这些学习适应社会的早期阶段，儿童应不惜一切代价避免独处。独处这种状态，会使最不可能的人在一起成为"朋友"。幼儿的友谊分分合合，对很多成人来说，幼儿的友谊显得轻浮且不甚令人满意，轻率地进行了大量的情感和道德投资。但是，在这些早期自主选择的群体中，儿童终生依赖的社交技能会得到锻炼。

观察艾萨克

本章标题为"观察儿童谈话",介绍了儿童的社会性发展,但对评估(assessment)在幼教工作中的重要性和有用性却并未进行探索,这是我的疏忽(我敢打赌,在你读完这句话前你的目光就呆滞了)。当然,只有通过对儿童高质量且有目的地观察(不论是否做记录),我们所从事的幼教工作才能取得进步。对我们观察到的儿童行为进行评估和记录,这样做都有哪些益处,需要使用哪些工具,我都可以一一描述;但是这个领域已经有非常多的信息框架和建设性的指导方针了,无须我在这里再赘述。相反,我想探索那些我们未曾看到的、被潜意识忽略的某些东西,无论我们喜欢与否,我们在观察婴幼儿时不经意间把它们给错过了。

我找到了一段英国教育技能部 2007 年制作的视频,这真是一个优秀的教学观察和评估实践案例。一名教师一边照看一群儿童在沙坑里玩塑料小动物,一边在便利贴上涂写活动内容和对话。有一块横跨沙坑的木板,它的一端有砖块。她以情境化的方式迅速写下:"杰登用三块砖'建了伦敦大桥',用两只手数砖块的数量。"毫无疑问,过后,她可以通过这些简单的观察记录进一步验证儿童的精细动作技能、数学运算能力以及对世界的认知和理解,在她的正式评估中,可能还有一些关于儿童如何与他人合作的内容。

围绕这段视频，我和一群有预科学位的学生就这种观察技术进行了讨论。我问他们："谁注意到了艾萨克？"许多学生都不确定我指的是谁，所以我们再次观看了这段视频。视频中一直都有艾萨克，他绕着沙坑的边缘，在老师面前大喊大叫地跑过，以求引起关注。他三次试图引起老师的注意，大喊着："看我的大象呼的一声穿过去了！"边喊边发出烦人的"吼吼"声。最后，老师对艾萨克说："噢，艾萨克，你太吵了！"之后，我们看到他离开这个群体，独自去一边玩了。现在有谁知道为什么艾萨克明天不想来幼儿园了吧？这一周内，他已经有三次被这位老师这样漠视了，艾萨克激扬的言行和想象力不为群体所接纳。然而，就是我们这样一个学生群体在观看这段录像时，针对艾萨克的这种行为也出现了同样的忽视，甚至有三个学生在第一次播放视频时就对艾萨克的这种行为提出了批评。

这个例子表明，作为儿童早期教育工作者，尽管我们经常利用身边儿童的言行来调整我们的活动。但是，当儿童的言行不符合我们的计划或目的时，我们也会忽视甚至赶走他们，我们应该对此感到羞愧和内疚。视频中的老师应该对艾萨克大喊大叫的言行进行引导，利用沙坑和木板桥，把拿着塑料动物的艾萨克也纳入游戏中。说一句"让伦敦大桥带你去伦敦动物园"之类的话，无须费太多想象力,然而,视频中所有的参与者都错失了这个机会。

经验教训

为了证实儿童具体的进步和成果而去收集数量庞大的"必要"证据,我们最好还是放弃这种做法吧。这样做,并非因为我们不感兴趣或不愿意了解儿童以改善我们为他们所提供的支持;然而,这样做的确冒着这般风险,即只是对评估的某些方面过度分析,从而彻底遗漏了评估的其他方面。我们还需牢记,我们只能猜测别人对一段经历的看法。成人对儿童在游戏中的意图或其他行为的意图的看法,只能是主观的猜测,是被我们的眼界、价值观、信仰、经验、计划和目的加工过的。因此,不存在所谓的"客观"观察。我们最好谨记:"重要的是儿童自己感到惊喜的时刻,而不是我们自作聪明解释的时候。"[2]

有研究者也强调了儿童需要拥有不受成人干扰、在同伴群体中思考的机会,因为他们的童年只有身处其中才能共享。对于他们的所做、所想或所感的其他观点也仅仅是一种感知,而不是基于经验的某种立场。

手持王牌

如果说行胜于言,那么什么样的行动影响最大?答案是关注儿童。我常听到家长们抱怨说,他们拿不准如何才能真正搞懂自己的孩子。但是,他们手持王牌却浑然不知!去关注孩子,这就是关键。

作为一名儿童早期教育工作者,你可能偶尔会感到,面对一个年幼、积极、热情且任性的儿童的某些行为不知该如何是好,尤其是你又肩负着孩子家长的期盼。我听一些儿童早期教育工作者说,他们喜欢照护婴儿,因为婴儿很可爱;但我又听他们说,他们更喜欢年龄稍大一点的孩子,因为"你可以从他们那里获得更多的东西"。教师常常将其解释为"他们更愿意学习"。在年龄稍大一点的儿童身上,我们能发现一种更好的协调能力,即互惠的关注;而婴儿需要从我们身上学习的正是这种能力!他们需要知道,要想得到别人的回应,自己就必须干些什么。

年幼儿童的互惠性互动或寻求关注的能力,其实并不亚于年龄更大些的儿童,只是我们若想理解他们的意思,必须付出更大的努力,而令人满意的双向互惠性互动则更加困难。作为儿童早期教育工作者,我们有责任持续地关注所有试图交流的儿童,特别是婴儿。对于成人而言,有时很难对婴儿产生兴趣,因为他们可能无法从婴儿那里获得明显的回应。但是对于婴儿而言，最初尝试与外界互动的经验，会极大地影响他们未来的自我价值感。因此，积极认可并回应婴儿的所有早期沟通需要都是非常重要的。每个个体的早期交流经验都是其未来社交互动结构的基础。

引起你的关注

语言以及儿童习得语言，是使他人对自己作出的回应速度最快、影响最大的基础，我们来举个例子。

在很多情况下，儿童爬上桌子都是一种不适宜的行为。想象一下，儿童通过这样做，知道了父母对这一行为的必然反应。虽然他们获得的不是积极的回应，但他们并不在意，因为他们还不能区分积极的和消极的回应。他们知道，只要这样做就能反复收到父母明确的回应。

要想改变儿童这种重复的行为模式，就需要一种不同的方法。别忘了你手中的那张王牌，正是因为你对儿童的关注，才导致儿童寻求这种社交反冲，所以，请撤回你对这种行为的关注。

如果儿童没有获得你的关注，就会制造更大的响动。你瞧吧，他们会使劲地推动桌沿，渴望得到预期的回应。他们会大声地抱怨、呼喊甚至哭闹，但是他们也会偶尔停下来，让你有机会作出他们期待的回应。不理他们，他们可能会哭得更大声，如果他们年龄稍大些，知道这种方法无法引起你的注意，他们就会采取另一种行动来博取你的关注。他们会尖叫，或者激怒兄弟姐妹，或者气急败坏地抢东西、扔东西，所有这些行为都是为了得到你的回应。

当他们停下来不再行动，放弃了最初或随后的行动，也不再制造噪声，取而代之的是开始一个更适宜的行为的时候，你可以给予他们所期待的关注。儿童在这一关头获得意外关注，会让他们再次发出噪声和响声，不过这次的声音通常易于接受。

但是，无论是儿童成功向你传达了他们的需求后欣喜的尖叫，还是儿童受挫时聒噪地宣泄其情绪，其共同的社会特性是儿童渴望获得你的关注。

所有的噪声，包括最终的语言，都是为了尽可能引起他人的关注，包括积极的和消极的关注。

保持足够的关注

给予年幼儿童有规律的、高质量的互惠关注，有助于保持他们对他人关注的持续需求。他们用于社会交往的情感能量需要不断更新和强化。在年幼儿童能对自己的情绪和情感需求进行自我调节前，确保他们随时随地可以获得这种情绪援助。情绪援助应该是无条件且真诚的。

观察儿童，听到他们说些什么时给予回应，这就是关键时刻的足够关注。最近，我家老二刘易斯可把我累坏了，我把他放在餐椅上吃晚餐，晚餐有鱼派和桃子。他总是选择先吃最爱的，我希望尽快喂饱这个蹒跚学步的小家伙，然后洗个热水澡早点儿睡觉。

但被束缚在椅子上导致他的脾气糟透了，这让我和他都感到恼火，情绪也很激动。知道他饿了，我哄着他吃了几口饭，然后才给他最爱的桃子。这让他哭得更凶了，拼命地揉眼睛，身体打挺，直到我把他抱离椅子，帮他擦了手，我才开始吃饭。

在我坐下的几分钟内，刘易斯拿着叉子坐到了桌旁，竟然想叉我的鱼派！我忽略了他的提示，他想要自己坐在桌边，也就是坐在哥哥对面自己吃饭。他现在满脸堆笑，尽管已经吃了一些布丁，可还是吃了一小碗鱼派。之后，他又吃了一碗他最爱的桃子，开开心心，毫无烦恼。是我，错过了他对我说的话！

挑战和困境

注意缺陷还是社会挫折？

当自己的行为没有获得想要的关注或回应时，前言语阶段的儿童通常会体验到挫折感；又因为他们不会说话，无法对自己获得的回应产生影响，所以挫折感会加剧。人们通常认为，缺乏语言能力是"可怕的两岁孩子脾气大"的原因，也可能由于缺乏表达情绪的能力或词汇，这些都会加重年龄稍大儿童在无法做到某些事情时的挫折感。那个"注意缺陷综合征"不仅会使父母的育儿技能遭受污名，也会使其他方面得到很好发展的儿童被贴上负面的标签。事实上，作为成人，我们都有义务为儿童示范如何表达情绪。"大多数事情都是他人的责任"（参见第6章），小孩子的童年"匆匆度过"，在这样一种文化中，有些人挣扎着才能跟上"成功"所需社交技能的脚步，这有什么可奇怪的呢？

疲于冲突的儿童

年幼儿童之间经常会因支配地位而发生冲突，这是他们之间典型的冲突，即使发生在假装情境中，也真的会让他们颇感疲惫。

我们该如何帮助他们解决这个问题呢？疲惫的征兆可能是儿童在游戏中的过度反应和不安，以及之后的悲伤、厌烦和无精打采。如果儿童的社交不安长时间不能得到很好的解决，会让他们感到愤怒和孤独。但是作为一种文化，是否我们应该本能地加强游戏的界限，加强单个儿童或群体儿童对待他人行为的界限，并让他们中的越界者重回界内，还是我们能意识到何时需要暂停或改变现状？我想说的是，在正式的幼儿园和小学中，仅仅鉴于有大量的儿童需要管理，后者就不太可能实行。

尽管我也担心

我儿子康纳 6 岁时在当地一所小学上一年级，每天都是自己走完从下车到校门口这段很短的路程。几个月以来，我每天都会让他选择是否需要我陪他，大多数时候，他都要求自己走，并在到达校门口时朝我竖起大拇指，然后走出我的视野，走进校门。由于学校位于主干道上，一些经过他身边的家长不免会多看他两眼，有人觉得惊讶，有人透着鄙视，责问我："孩子这么小，你就让他独自走进学校？"偶尔也有人会说："天哪，他真棒！"但是，无论人们觉得这样做是对还是错，是安全的还是不负责任的教养，十有八九，康纳会快速赶上他认识的人，有时也会是陌生人，并迅速地跟他们聊起来，以至于有时会彻底忘记要竖起大拇指让我安心。然而，更让我安心的是，我每天都看到他对社交充满信心，在这么小的年纪，不需要我牵着他的手，就能用自己的方式融入他的世界。

参考文献

1. Ken Robinson Says Schools Kill Creativity, TED Speech, 2006, held in Monterey California, January, 2012.
2. D. W. Winnicott. *Playing and Reality*. London: Tavistock, 1971, p. 51.

懂你的奇奇怪怪,
陪着你可可爱爱。

第 6 章

家园共育

儿童早期教育工作者必须尊重每一个家庭，谨慎而专业地去看待他们。

阿姨，你出生的时候，世界是黑白的吗？

——玛莎（4岁）

我们所有人都拥有关于什么是家庭的观点，拥有自己的家庭价值观。它包含无条件的爱、尊重、牵挂、忠诚、宽容，以及困难时团结一致，尽己所能互相帮助。它也可能意味着争吵、长时间的怨恨、不满、失去耐心和控制力以及心烦意乱。在这背后，一句口头禅无疑是对的：你可以选择你的朋友，却不能选择你的家庭。

年幼儿童在家庭中的经历，会深刻影响他们关于人际关系的价值观。在能够表达自己的观点之前，年幼儿童会收集身边的至亲如何对待彼此的信息，观察和学习周围人所使用的行为策略。布朗芬布伦纳在其社会生态模型中确定，这是一个更广阔的世界。本章将探讨年幼儿童所处的家庭环境和社会环境之间的相互作用的重要性。父母和儿童早期教育工作者之间的关系，及其对儿童面对新环境、新体验和新朋友时安全感的影响，这些都会因年幼儿童身边这些成人关系的细微差别而被强化或削弱。对于很多儿童来说，托儿所和幼儿园通常是他们接触到的除家人和亲密的家族朋友之外第一个更宽广的世界。敏感的儿童早期教育工作者能够察觉到儿童的家庭环境以及儿童与家人的真实情况，并对此进行补充，特别要从构建儿童与身边重要之人的积极关系入手。你听到过儿童早期教育工作者当着儿童的面抱怨儿童家长，或者家长当着孩子的面抱怨老师吗？他们都想为孩子争取最大的利益。

透过窗户看家庭

对于儿童早期教育工作者而言，儿童就是家庭的一扇窗户。通过进行安全的家庭角色扮演游戏，或者儿童提出的脱离情境的问题，从中我们可以洞察他们对家庭生活的感受。最近，一个4岁的孩子问我，我们死后会去哪里。我们花了很长的时间讨论为什么要焚烧遗体。孩子关心的是温度有多高，以及被烧的人会不会感到疼。直到这个孩子问我是否被"火化"过的时候，我才恍然大悟这个孩子的家庭也许发生了悲惨且可能具有创伤性的事件。我们有一种根深蒂固的观念：只有家庭成员或朋友去世时，家里才会使用这样的词或概念。儿童和我们一样需要分享自己的故事。对这个孩子来说，他还不知道"火化"这个词意味着什么，对于失去深爱的奶奶这件事情，他还没有能力去寻求安慰或支持，不能条理清楚地跟别人讲述他的悲伤故事。

我们必须尊重每一个家庭，谨慎而专业地去看待他们。这一点应该最优先考虑，还应该这样去做。戴沃瑞斯和米勒描述了母亲与照护者之间的关系，以及他们对彼此的尊重，这些均会对儿童的健康成长产生深刻的影响。[1] 不加评判地理解母亲的选择，对儿童而言，照护者就是"替代性父母"。尽管现代的文化取向，热衷于对儿童照护者提供的照护和教育进行着似乎专业的测量、评估、打分和计算，但大部分家长只要求你对他们的孩子感兴趣，关心孩子并提供保育即可。很少有父母会要求资格最高或/和经验最丰富的儿童早期教育工作者端坐在办公室里，认真填写着每月例行的"监测和评估"表格。相反，大多数父母只要求孩子在幼儿园期间，能有他们最喜欢的成人陪在身边。之所以出现这种行政官僚现象，是因为人们高度重视对每个儿童进行检查，检查的优先级别似乎超过了儿童需要得到最佳照护的重要性。具有讽刺意味的是,媒体定义的"保姆式国家",恰是让儿童失去了"保姆"。

相处的本质

与我们所照护的儿童的家人建立开放、真诚且成功的关系非常重要。有许多理由解释了为何这对儿童的情绪安全和幸福感最为重要。

体验式教育家费雷·利弗斯提出了一种中立假设:儿童学习的能力和动机是以他们的情绪安全和自尊为基础的。近些年来,《幸福感和参与量表》以及其他一些相似的评价工具被用来评估我们的教学环境是否适宜,以确保儿童通过学习,可以更好地获得知识和经验。我只采用费雷博士的《幸福感和参与量表》,因为该量表融合了儿童期的当代文化价值观与现代流行的教育哲学。2009年,理查德·莱亚德和朱迪·邓恩开展的"优质童年"研究也证明,越来越多的人认识到,在儿童参与日常生活和教育的动机中,幸福感、自尊、快乐和健康发挥着不可或缺的作用。

通过与儿童的父母以及其他家人建立积极的关系,我们可以更加深入地了解儿童除幼儿园和学校以外的成长环境。家庭学习环境对于儿童的幸福感及其上学后的结构化学习能力有重要影响。在这方面,我们还需开展更多的研究工作:"对于在其他方面处于不利地位的家庭而言,如果可以为儿童提供优质的家庭学习环境,那么就能支持好的学习成果。"2

了解儿童的家庭以及家庭环境,能够丰富并加深教师和儿童早期教育工作者与儿童之间的关系,促进他们对儿童的关心。

少些个人中心,多些以人为本

与他人交往所需的社交技能,通常是围绕倾听、乐于分享、敢于承认错误和缺点等技能而逐步建立起来的。这与权力、目的和利益的优先级无关,而与真诚、谨慎有关,最重要的是,要对他人感兴趣。对儿童具有共情敏感性的早教工作者要花时间了解孩子,加深对儿童及其家庭的理解。这并非自我追求,而是基于专业和智慧,同时保持不评判他人,旨在利他,代表着儿童在其家庭中的位置。

儿童早期教育工作者若能支持儿童,承认他们的细微差异和喜好,能公开、谨慎、积极地传达这种认同,那么他们通常会受到儿童家长的信任和喜爱。儿童早期教育工作者和儿童家长之间相互联系和合作,首要目的都是为了孩子,早教工作者需要花精力,寻找到儿童家庭动力的关键点。在这一过程中,他们对细节的关注是不言而喻的，高效且优秀的儿童早期教育工作者能够依靠他们的直觉，敏锐地意识到该如何采用一种儿童家庭乐意接受的方式来传达有关儿童的信息。

作为儿童的家长，你需要叫得出一些关键人物的名字，比如保育员、照护者或教师，这些人都为你的孩子付出了心力，要把他们提供给你孩子的丰富经验和帮助记在心里。

如果儿童早期教育工作者对他们照护的孩子缺乏了解，更糟糕的是，即使对个体的儿童不了解也满不在乎，那么就会错失与儿童及其家人建立关系的重要机会。这些真诚的关系，不仅能为儿童及其家庭带来益处，而且也能让儿童早期教育工作者获得极大的专业满足感，因此弥足珍贵。

冒 犯

当前，为了落实成果、目标和策略，制定了各式各样的指导方针和核查清单，作为儿童早期教育工作者的我们，身在其中，不得不去执行。对于那些先天欠缺职业敏感性的人来说，这些指导方针为他们提供了有效但并非最高质量的实践基准。这些框架性方针主要围绕这样几个方面：儿童福利和安全保护、行政管理、监控、评估成果和业绩。其背后的假设是，我们的工作需要用这种方式来监管，而这正是我们当中很多人感觉自己被冒犯了的原因。

监管关系

我们与儿童父母之间的关系仍然会受到监管。目前的儿童早期教育实践框架[3]和儿童中心实践指导[4]，其最终正式的版本是由当时的政府颁布的，这些监管文件对从业者在工作中与儿童父母如何相处提出了明确的原则。2007年的《儿童计划》强化了这些指导方针。这些指导方针促进了早教工作者与家长之间建立和谐、有效的关系，而这些关系建立的基础则是源源不断的信息交流、合作精神和多元化的意识。这些才是儿童早期教育领域今后的工作指导方针应该紧紧抓住的最基本的情感因素。但是，该领域的教师和工作者打算与儿童家长建立关系的许多实际方式的本质，却可能是居高临下的、草率的，有时甚至是失礼的。

实际上，政府只需要在指导方针和框架中阐明，与儿童家庭建立有效的沟通是所有儿童照护机构和学校的目标之一，评估统计数据无疑会对此进行忠实的记录，但是这样做的过程中缺少了教师的诚意和父母真实的意图。相反，这意味着从业者要给儿童父母及其家庭提出建议，指出他们的不足以及如何改进，说服他们加入或请他们说明为什么不参与孩子的教育，不接受由专业人士主持的个案调查。

休斯和麦克诺顿指出，尽管家长与早教领域的从业者之间建立关系的益处显而易见，但是他们之间的关系经常"过于紧张且没多大意义"[5]。

这种观点认为，儿童及其父母和其他家人应该接受专业人士的建议，接受他们的劝服去参加孩子的教育活动，接受他们的引导或顺从他们的影响。近些年来，这些专业人士都觉得自己应该与儿童父母建立联系。这种观点剥夺了兴致盎然的父母的权利，同时与那些缺乏兴趣的父母也渐行渐远。

休斯和麦克诺顿认为，这一问题的产生主要是由于儿童早期教育工作者将儿童父母的知识不断"他者化"（othering）[6]。也就是说，儿童早期教育领域的教师或从业者将儿童父母与孩子的关系、对孩子的了解或者对孩子及其福祉的兴趣抛之脑后，很少甚至完全不考虑父母在儿童生活中独有的"专家"地位。这种他者化使得儿童教育专业知识的重要性凌驾于父母对孩子的了解之上，让父母觉得自己有很多不足，在孩子的教育中无足轻重。

经纪人文化

现在孩子的父母成长的那个时代,大多数事情都有人可以为我们代劳。譬如,房产中介可以帮我们卖房子,律师帮我们调解纠纷,银行和理财顾问帮我们做资产规划,心理治疗师帮我们解决情感问题,还有保姆和早教工作者帮我们带孩子。我们有权利得到并且能够得到这些,还有很多各种各样的经纪人,他们为现代家庭生活提供着五花八门的服务。那些有需要且能够支付起费用的人,随时都可召唤到他们。

布鲁斯·利普顿的《信念的生物学》一书中有一章名为"有意识地育儿"的内容发人深省,作者描述了一种引起广泛争议的科学观点:在父母满足孩子的衣食住行等生理需求且不虐待孩子的前提下,无须太多其他的输入,孩子的预编程基因就可以依次展开。利普顿认为这种观点是有问题的,它支持并延续了一种越来越懒惰的育儿现象[7]。

韦尔尼和凯利进一步探讨了前沿科学是如何证实父母的重要性的,家长对孩子的心理和生理素质具有决定性的影响。[8]父母对其孩子行为蓝图的影响是最为基本的,且贯穿孩子的一生。产前和围生期精神病学以及具有突破性的神经科学研究结果正在推翻我们从前关于婴儿及其大脑的神话,以及那些我们对婴儿早期影响不确定的观点。

然而,经纪人出现在我们生活的各个方面,这种趋势为我们带来了一些变化。首先,当出现问题时,我们有了责备的对象;相反,我们自己对一切事务似乎都不承担责任,包括人际关系。有一段时间,婴幼儿经常表现出反抗行为,有时会表现出困难行为,这一时期他们的行为是社会可以容忍的。在通常被称为"可怕的两岁"这一阶段中,我们要始终如一地采用具有文化适宜性的社交规则,并在年幼儿童面前刻意示范"更好的"行为方式,这种努力可能会让人筋疲力尽。这一重要的角色落在家庭之外的人身上是否正确,目前尚存争议,这一争议也是本书一直关注的焦点。

但是,把婴幼儿送到托儿所或幼儿园,并由保育员照看,这仍然是一种常见的文化现实。之所以这样,是因为有相关政策促使母亲重返工作岗位,而且母亲被鼓励每次可以将婴幼儿安置在高质量托幼机构数小时。这也意味着,对婴幼儿来说,可供他们模仿学习的有效关系行为的重要社会参照任务,经常局限于疲惫的父母和忙碌的早教工作者之间的那种交流样式之中。

生活大舞台

儿童早期教育工作者和儿童的父母有责任带领孩子认识这个世界，并传授他们进行社会交往所需要的技能。如果我们承认儿童在社交中情绪稳定的重要性，并且强调他们要与更广阔的世界建立联系，那么显而易见，早教工作者和儿童父母一起为孩子示范一种充分和谐的关系该是多么重要。

对于年幼儿童来说，没有习得具有文化适宜性的社交技能会给他们带来不利的社会影响，可能会使他们在情感上产生过度依赖的倾向。这些儿童会发现，即便是日常的交谈和冲突对他们都颇具挑战性，且这在儿童期早期会持续很长一段时间。这种依赖他人来解决问题的现象，可能会导致个体一生对有效人际关系的习得性无助。当然，儿童需要有效、积极的关系示范，以便他们观察、了解和感受人际关系是如何运作的；同时，他们也需要空间和机会来练习这些技能，而只有他们周围的成人能为他们提供这样的机会。父母与儿童早期教育工作者之间的关系，为儿童将来理解关系是如何运作的提供了一个框架。儿童之间的相互交流和互动同样具有重要意义，通常，在没有成人主导的情况下，儿童之间的关系是他们分享经验、练习社交互动和获得早期语言理解的完美场域。最重要的是，他们学会了享受与他人相处的乐趣。

图 6.1 亲近他人

卓有成效的人际关系让人放松

规定儿童早期教育工作者、儿童父母和专业人士应该如何相处的那些相关框架和指导方针，往好里说是分散了大家的注意力，往坏里说是居高临下，效果适得其反。在英国，教育体系与家长之间、医疗体系与患者之间，已经存在一股强烈的不信任感，只关注表面的现象。家长被描述为用户和顾客，学校和教育机构被描述为服务提供商，当代使用的这些语言暗示了商业模式的错用，忽略了教育和照护年幼儿童的事业本质。

在界定基础良好、真实且有效的关系特征时，与父母参与或接受指导的关系相比，简单的、更人性化的关系更有用。我们需要谨记，儿童不是一件可以交易和服务的商品，相反，他们是父母所珍视的无价之宝。父母既然让儿童早期教育工作者来照护他们的孩子，至少说明他们意识到孩子需要这种照护。与家长建立有益的关系，无疑能增进我们对年幼儿童成长肩负共同责任的理解。

赋　权

如果你觉得自己的努力和付出能够改善一些事情，那么你就会产生一种责任感和主人翁精神，更重要的是有了一种赋权感。儿童早期教育工作者或教师需将家长视为养育我们下一代的同盟军，把他们看作对自己孩子非常了解的专家，并真心地对待他们。

同理心

在第 1 章中我们讲过，要成为一名合格的社会成员，共情或同理心是一个重要的方面。征求他人的意见，根据他人的观点来调适我们自己，这不仅需要个体具有同情心，还需要对他人的需求、行为和愿望具有同理心。花一些时间和儿童的父母达成共识，这样可以产生更多的善意，打破彼此之间的不信任和冷漠的壁垒。我曾经看到在公共场所，一位家长当着其他家长和孩子的面打自己的孩子，当时我并没有对这位家长的行为做公开的评价，只是为了避免使负面情况与可能的羞辱感更加复杂化。那一刻，是否同意体罚孩子并不是问题所在，这个家庭需要的是对这一棘手冲突的隐私保护，以及对在该情况下诸多复杂因素的理解。此时需要的不是评判。

鼓 励

无论你个人的观点是否能与家长的观点产生共鸣，对家长来说，你对孩子的技能或天赋的鼓励，都体现出了一种个性化的支持。我认识的一位最受喜爱的教师具有一种天赋，她能记住每个孩子微小但重要的特点，并定期努力与儿童及其父母接触和交流。针对家长的惩罚性指责，或对儿童父母养育技能缺乏依据的质疑，只会让他们疏远那些让其觉得不称职、孤立或愤怒的人。

支　持

　　与鼓励儿童类似，家长的行为和愿望也需要支持，而且要付诸行动。如果因一些实际的原因一时做不到，这些行为仍需以尊重的方式及时考虑到。在实施政策的过程中，我们没必要过于官僚化。这些政策的实施常常被家长们认为高高在上、毫无帮助。有一个家庭的两个女孩在同一所小学不同的班级上学，周三那天一个孩子因呕吐被接回了家。周四，妈妈让两个孩子都待在家里，尽管那天两个女孩都没有呕吐。妈妈为了尽量减少可能的传染，让她们都待在家里，她还打电话给学校说两个孩子都病了。周五早上，两个女孩被送到学校门口，校长只让其中的一个女孩进校，却不让另一个进去。他没有询问家长这两个女孩健康状况的细节，也没有去了解她们缺课是否都是因为生病。当受到家长质疑时，他说不让其中一名女孩进校，理由是她生病居家只有45小时，少于现在健康保护机构规定的48小时，他仍然没有与家长确认那个女孩是否生病。这位家长对政策实施的不一致感到愤怒倒还在其次，女儿在校门口被拦住、被拒之门外的那种尴尬，对家长和老师之间的关系一点儿好处也没有。

权　利

家长有权利对他们的孩子、孩子的生活以及照顾孩子的工作者持不同的看法。询问关于自己孩子的信息也是父母的权利，绝不应该随意或轻率地应付了事。总有一些家长比其他人问题多，但我们应该尊重他们所提问题的重要性，并进行妥善处理。2007年的《儿童计划》是一个令人鼓舞的象征，它认可了父母在孩子早期生活中的重要性，它的首要原则是："抚养孩子的不是政府，而是父母。"[9]一年后，这一原则在该计划的《一年进展》报告中却被淡化了，这或许表明一线专业人士在与各种类型的家长打交道时可能遇到了更复杂的困难。但是，不变的事实是，每一位早教工作者的主要角色特征都应该是平易近人，为所有家长认可和支持。

享　受

儿童的能力和天赋连同他们的品格甚至癖好，都应该得到鼓励和欣赏。带孩子的生活通常是丰富且有趣的，有时不免也有压力和心力交瘁的感觉，致使把他们带来的快乐也轻易忘却。有时从业者需要提醒父母如何享受和孩子在一起的乐趣。尝试

图 6.2　孩子是儿童早期教育工作者与家长之间的桥梁

当着孩子的面告诉父母一件关于他们孩子的趣事："你肯定猜不到×××今天和我说了什么？"我敢打赌家长会伸手抚摸孩子。孩子可以成为你和家长之间的桥梁，而你提醒家长享受孩子带来的乐趣，一定可以加固这座桥梁，同时也为孩子示范了积极的社交技能。

投入与完善

与儿童及其家人打交道时，高质量参与所需的情感投入不可低估，也不可测量。从过去的相关框架中我了解到，儿童早期教育工作者需要表现出友好态度，但不必变得低三下四。真诚是一种不可测量的职业属性，能让别人感觉到你真正在关心他们。你可以选择是否决心对儿童及其家人付出真挚的情感，无论是哪种方式，儿童都会学着并用相应的方式对待你。在你与儿童及其家人之间的关系中，确保自己全身心投入。如果不是那么令人望而却步，可以进一步充实你们的关系。

永无止境

儿童会经历很多过渡期，你要做的就是永远不要结束你与他们及其家长之间的关系。过渡关系对于儿童的社会学习非常重要。积极地参与进去、接受他人进入他们的生活继而又离开他们的生活，这是儿童自己需要获得的一项重要生活技能。儿童的家庭会适应你的加入，你也会自然地适时淡出他们的生活。在儿童的一生中，你只在他们的世界停留一段短暂的时光，而父母则将陪伴他们一生。早教工作者应对儿童以及他们在你生命中的这段时光努力投入，在适当情况下，对他们的生活给予你个人的积极影响。在儿童生命中发挥重要作用的时间不是由你决定的，你需要做的就是，尽其所能地做好你的工作。

监护人和调节者

媒体对英国的相关政策进行了频繁解读，认为受过良好训练的早教工作者的知识和技能在儿童家长之上，致使"父母养育能力不足"的这种观念长期存在。这可能会使那些足够好的家长觉得自己没有资格和能力参与孩子更广阔的世界。

曾经有一对年轻夫妇，想要把他们残疾的儿子送到接收正常儿童的托儿所，恰好咨询到我们这家托儿所。作为托儿所的管理者，我发现自己在团队决策和家长之间扮演着中间人角色。这个3岁的小男孩名叫山姆，家长从来没想过他能活到1岁，因为他无法自主呼吸，只能依靠机器辅助吸入氧气。他的父母，尤其是母亲，长期努力争取资金，在家里尽量满足他和兄弟姐妹的所需，现在渴望他能够在更广阔的世界体验其他孩子所能感受到的一切。我们机构的多学科团队花了三个月的时间才将各专业人士聚到一起，围绕山姆在我们托儿所接受的照护展开讨论，最终聚焦于谁来支付他上课期间所需的输氧费用。大家核对数据，预算资金流，但最后仍未作出决定。最后，孩子的母亲阻止了这场讨论继续下去，她为自己残疾儿子的受教育权进行了坚决的斗争，为孩子争取到了她认为最需要和最合理的事情。她冷静而干脆地对这群可能会让她胆怯的专业人士说："山姆没有更多的时间等着你们犹豫不决。"

也许是尴尬，或是那位母亲的情感改变了那天的事态进展，我被允许在山姆家里接受了两周的培训，内容涉及有关山姆的各个方面，毫无疑问，他的私人护士和母亲是"培训专家"。三周之后，山姆开始和托儿所的一小群同龄小伙伴共处。可是，我们又等了五个月才争取到他需要的可携带的氧气瓶。作为替代品，山姆上课的时候，我们在托儿所里放了几米长的氧气管，山姆的母亲有时也会留在托儿所陪他。没过多久，山姆就为自己感召来了一位爱心从业者和一群小伙伴，他们自愿充当氧气管和氧气瓶的保卫者。这位从业者已经离开原来的主流学校，专为山姆提供一对一的支持，并且成了山姆家庭中的"一员"。

几年前，山姆的母亲在一家医院的外面认出了我，当时她正推着坐在轮椅上的山姆。山姆已经11岁了，不记得我了，母亲提醒他我是谁。她告诉我，她与山姆父亲的关系已经破裂，但正如她所希望的，山姆现在很享受拥有朋友和学校的生活。听到这些，我由衷地为他们高兴。为了儿子，她显然已经做了很大的牺牲，并且一如既往地准备继续牺牲自己。作为孩子的监护人，她影响了山姆和我的生活。

也许在出现潜在的危机期间，应该积极鼓励家长向专业人士寻求帮助。通过制定各种政策，建立人际关系，让他们可以安全地找到能帮到他们的人，我们可以将人际关系的价值最大化，并与所有家庭合作。忙碌且看似冷漠的世界，有时会给年幼儿童及其家庭带来情绪困扰，而作为儿童早期教育工作者的我们，可以为他们排忧解难。我们处于一种理想的位置，可以对儿童可能形成的各种歧视、刻板印象、负面看法和价值观发起挑战。儿童的这些看法和价值观有可能会受到父母的强化或干预。我们将在第 7 和第 8 章中对此做进一步的探讨。

挑战和困境

父母作为"服务的用户"

目前的发展趋势是，许多机构把儿童父母视为服务的用户，尤其是在儿童教育中心。有人认为，经营儿童教育中心所需的狭隘商业模式，并不能为大多数父母提供他们想要的那种人性化的保育和教育。

需要裁判

"经纪人文化"必然鼓励我们的孩子在他们的人际关系中依赖裁判。导致的结果是,过去"爱告状"的小孩子现在成了大孩子,当一段关系或互动变得棘手或超出了他们的舒适区时,他们必会告诉某个成人。可悲的是,这样的孩子可能永远无法真正学会独立协商或调解他们遇到的纠纷或互动。

我们需要培养孩子在逆境中有韧性、能坚持的品质,需要培养他们拥有这样一种关键社交技能:脚踏实地、沉着冷静地处理生活中的困难和人际关系。儿童早期教育工作者和父母无疑要站在这一关键任务的第一线。许多人会逃避这个责任;有人否认它的存在,因为"他们都要经历这个阶段"且"他们最终也都做到了";还有人认为,它是儿童早期教育工作者职业中的主要目的。它存在,它至关重要,而且它取决于我们。在接下来的第 7 章和第 9 章中,我们将进一步探讨这些关键的社交技能。

这到底是谁的工作

养育孩子不仅是一个家庭的责任,也是整个社会的责任。如果你是一位家长,为了解决你的孩子从健康到行为的任何问题,你可能需要帮助，什么会激励你去寻求帮助？要回答这个问题，作为早期教育工作者的你，为了所有儿童的福祉，需深入探讨如何有效与家长相处。

参考文献

1. J. Devereux and J. Miller. *Working with Children in the Early Years*. London: David Fulton Publishers, 2003.
2. I. Siraj-Blatchford. Educational Disadvantage in the Early Year: How do we Overcome it? Some Lessons from Research, *European Early Childhood Education Research Journal,* 2004, 12(2), p. 5.
3. *The Early years Foundation Stage*, London: DfES, 2012.
4. DfES and Department of Health. *Every Child Matters: Change for Children*. Surestart Children's Centres Practice Guidance. Dept of Education and Schools, 2007.
5. P. Hughes and G. MacNaughton. Consensus, Dissensus or Community: The Politics of Parent Involvement in Early Childhood Education, *Contemporary Issues Early Childhood,* 2000, 1(3), p.241.
6. P. Hughes and G. MacNaughton. Consensus, Dissensus or Community: The Politics of Parent Involvement in Early Childhood Education, *Contemporary Issues Early Childhood,* 2000, 1(3), p.241.
7. B. Lipton. *The Biology of Belief*. London: Hay House UK, 2005.
8. Cited in Lipton. *The Biology of Belief.*
9. DofE. *Statutory Framework for the Early Years Foundation Stage-Setting the Standards for Learning, Development and Care from Birth to Five*. London: Dept of Education, 2012.

第7章

接受差异

在任何特定的文化中,用于描述不同性别群体及其特征、角色和身份的语言都很重要,它们是儿童识别自身的基础。

> 如果我们看起来都一样，你怎么知道谁是谁？
>
> ——黛西（6岁半）

与其他人相比，年幼儿童的评判性、种族偏见或地位意识是最少的。但对于他们来说，这只是一扇很小的"幸福的无知之窗"。在一个社会中，我们对年幼儿童寄予了很多期望。在社交方面，他们需要掌握许多公共规则，从用餐礼仪到与他人分享自己的东西，不一而足。在儿童练习社交技能的过程中，成人会给予他们一定的宽容期，但在不同的文化中，这个宽容期的时长也会有所不同。社会普遍认为，年幼儿童正应该发展与特定文化相适应的社交技能。

这些规则在学步期开始变得日益重要起来，这真的令人惊讶吗？最近的神经科学研究发现，大脑中神经元自然的"认知修剪"（cognitive pruning）发生在孩子出生后的第二年，这可能不是这一时期给儿童及其家人带来挑战的唯一影响因素。我也觉得在喜欢做的事情上强加限制是令人沮丧的，特别是当这些限制在我看来没有多大意义的时候。为什么我不能一边到处走走一边吃我最喜欢的零食？或者拖着铲子从花园一直走到屋里的浅色地毯上？

学习社交技能

在生命的第一年，婴儿的神经活动主要忙于巩固最基本的原始行为，保证食物、温暖和生理安全等需要。马斯洛在需要层次理论中提出的这些主要元素，成为身体脆弱婴儿的唯一目的。这段时期也是公认的儿童发展安全依恋和建立早期生存技能的窗口期。英国政府制定的某些政策也反映了这段时期的重要性，比如为父母提供的产假和子女税收优惠。

在这个短暂的纯真且性别中立的早期阶段之后，婴儿逐渐表现出自己的意志，标志着孩子步入了学步期。人们对孩子的称呼也从婴儿变成学步儿，这并非是儿童自身的有意识理解，而是成人为他们做的分类。伴随着这种重新的分类，我们对儿童的期望

图 7.1　手上沾满了巧克力又如何

也发生了变化。在西方的男性文化中,儿童在这一时期的典型特征通常表现为发脾气、叛逆,小插曲和小状况频繁发生,这些都是他们寻求独立和表达意见的行为表现。也正是在这个时期,儿童身边的成人开始将社会规则和期望强加于他们,希望他们可以融入更广阔的社会群体。社会观念,无论是政治的还是其他方面的,都意味着对某人的控制,或由某人制定的控制他人的规则。

是个婴儿!

当听到新生儿降临的消息时,我们问的第一个问题通常是:男孩还是女孩?我们情不自禁,因为这是我们对人类最具本能的分类。但这种现象只发生在成年人身上。婴幼儿天生不具有个体身份的概念,而是通过后天习得的。

但儿童多早知道自己是男孩还是女孩的呢?在当代的大环境下,这又意味着什么?当儿童开始确认自己在这个世界中的位置时,他们便开始意识到作为女孩或男孩应该如何行事。

在《粉色大脑,蓝色大脑》一书中,丽丝·艾略特提醒我们,不要被有关性别差异的科学观点以及神经科学的证据蒙蔽了双眼,现代人普遍承认存在性别差异。诚然,从生物学角度看,男性和女性是有差异的,他们的大脑是不同的,但正如艾略特所说:"几乎所有关于大脑性别差异的证据,实际上都来自对成年男性和成年女性的研究。"[1] 与此相反,婴幼儿大脑的可塑性意味着,他们的社会身份和性别认同绝非"天生的"。然而,从文化角度来看,我们已经认定,很多性别差异都是天生的,而且是由遗传决定的。

成人现象

在成人的世界里，对他人进行分类是很重要的，但对于儿童来说则不然。即使是非常小的孩子，也会意识到这对成人来说具有重要意义，尽管他们要过很长时间才能理解其中的原因。年幼儿童本身对象征性和表象性的分类线索是极其天真的。

在当地的一家托儿所，一个孩子长着一头及肩的漂亮金发，经常穿五颜六色的游戏服。这个孩子的名字有南非特色，周围的成人不清楚这个名字暗示的是男还是女。尽管父母很确定不想把孩子培养成"无性别的"人，但是很快我们就发现，其实是成人在纠结自己不知道这个孩子的性别，也包括我在内。当我询问我的孩子，那个孩子是女孩还是男孩时，他告诉我："'她'是男孩，妈妈！"这让我不得不扪心自问，为什么这个问题很重要？知道性别会改变我对儿童的行为和说话方式吗？答案是可能会。

相比之下，儿童用于分类新信息的早期认知能力还在不断发展中。他们还没有足够的关于这个世界的知识，了解这个世界需要一个复杂的归类系统、重要的分组系统以及我们成人都感到有些内疚的刻板印象。我们经常会说，儿童以全新的眼光看待这个世界，世界是新鲜而整洁的，最重要的是，他们还没有亲身经历，也就没有在此基础上形成的价值观和观点。

有许多例子可以说明这种新鲜感，以及儿童早期对世界的分类意识的独特之处，儿童运用这种新鲜感来看待世界。我最喜欢的是一个小女孩的例子。当她第一次遇到一名具有非洲血统的儿童后，她开始把人画成黑色的面孔和白色的四肢，或黑色的四肢和白色的面孔。她从来没有用语言表达过自己是如何调和这一新信息的，但是，她用图画展示了她如何通过现实生活经历拓宽了她的视角。另一个例子讲述的是一个4岁的小女孩，当一家斯里兰卡人新加入社区学校时，她问妈妈："妈妈，我是什么颜色的？"这同样表明，年幼儿童先前没有经验来对新遇到的差异作出反应。

假如都是相同的

儿童与成人是不同的，男人和女人是不同的。老人不同于年轻人，老师不同于学生。当然，这些是显而易见的事实。我们知道，他人对我们的看法与我们自己的不同；这种不同是必然的，因为没有两个人的经历和生活是完全相同的。

在成为社会化个体的过程中，最重要的一个社会化发展阶段是我们学会扮演"泛化他人"[2]的角色，即能够想象自己在不同的情况下是很多的"其他人"。这意味着我们能够把自己想象成另一个人，想象他们的观点、看法和经验。这种技能是对他人产生同理心和理解他人的根源，也是复杂社交能力的基石。它并不总是遵循年龄和发展阶段的规律，但是在儿童能够熟练考虑他人观点之前，需要对一些基本要素进行排练、复习、预演和重现。对于婴幼儿来说，他们还没有积累大量的现实生活经验，他们通过富有想象力、无拘无束的游戏来探索他人观点的可能性。对他们来说，现实和幻想是一回事儿，都是未经历过的，都是可能发生的。通过角色扮演和想象游戏，儿童将自己想象成其他人，想象那个人可能是什么样子的。尝试他人观点的安全空间，可以提高儿童的理解和联系能力，更重要的是，它可以增强儿童对差异的容忍和接受能力。

用语言来强化

我们对性别以及其他社会角色、价值观、观念和刻板印象的积极或消极的联想，无一例外都是以语言为基础的。"语言不是中立的。它反映了文化价值观，并且对我们的观念具有强大的影响。"[3]

儿童经历过和接触到的态度、行为、信念和条件，创造了他们对这个世界的理解。例如，在考虑性别时，"……虽然女性生育是一个生物学事实，但女性作为主要抚养者的角色，则是一种社会建构。"[4]

有许多关于男女两性的不同语言表达的例子。例如，为什么是"君子协议"？你是否曾一度认为医生应该是男性，而助产士则应是女性？事实上，当带着两岁的阿尔伯特去医院就诊时，他会说"那不是医生，是位女士"。对于女警察和女消防员，我们还会使用"警察"（policeman）和"消防员"（fireman）这样的词汇吗？参加婚礼时，你有没有想过，为什么不是"我现在宣布你们成为妻夫"，而是"我现在宣布你们成为夫妻"？这是一种文化习惯，男性就是男性本身，而女性通常被称作与某位男性有某种关系的人。

粉色世界和蓝色世界

杰茜·博纳德定义了5岁以下女孩所谓的"粉色世界"。她认为，男孩和女孩从出生开始就被区别对待，对于两种性别的不同期望决定了日后儿童对于自身性别的认同。

每个孩子生来就有性别，儿童很快就知道生物性别是固定的，而且是不变的。但尝试和获得两种性别的语言、态度和行为则是一个漫长的过程。在这一时期，这一现象被描述为性别稳定性

（gender stability）[5]，文化角色、刻板印象和理想开始使儿童保持性别恒常性（gender constancy）。当儿童确定了自己是男孩还是女孩，并且知道这一事实不会改变时，就实现了性别稳定。他们意识到了自己作为男孩或女孩的一系列特征。艾略特描述了"一个男孩或女孩的成长过程，就像从出生开始就分别沉浸在两种不同的语言之中"[6]。

在任何特定的文化中，用于描述性别群体及其特征、角色和身份的语言都很重要，它们是儿童识别自身的基础。年幼儿童一直在与他人的关系中逐步形成对自我的认知。

性别角色的强化

也许男人和女人只是在社会造就他们时才有所差异，而决定他们命运的是生理属性。然而，强大的消费主义、媒体以及当代技术文化带来的影响，为儿童提供了许多或明显或微妙的社会线索和信息，教给他们应该如何与更广阔的世界联系在一起。在我们的文化中，无论我们走到哪里，到处都有非常明确的关于男性或女性特征的信息。

以着装为例。女孩的衣服通常是粉色的，人们喜欢把她们描绘成天使或公主，甚至她们有时会不自觉地模仿更适合成年女性的穿衣风格。有多少 5 岁的女孩需要戴胸罩？但是现在已经存在了。至于男孩，他们的服装颜色则通常是蓝色、红色或浓烈的原色，与噪声、怪物和麻烦的情绪相对应。我们是故意的吗？我们意识到了吗？你是否常听到人们赞美女孩温柔，表扬男孩勇敢？为什么我们要选择这两种性别群体中的这些特征呢？我们应该质疑这些吗？

另一个对性别产生强大影响的是电视和电影。对于不识字的儿童来说，虚构人物的特点和性格可以强化文化刻板印象。你有

图 7.2　社会媒介会对性别角色强化产生很大影响

没有想过，为什么菲奥娜公主被描绘成一个打扮丑陋的怪物，而史莱克则是一个孤僻、脾气暴躁但可爱的捣蛋鬼？在一些故事中，女性角色是由其外貌来定义的，而男性角色则有一定的深度，通常在故事中拥有至高无上的地位，这一点确实令人担忧。

社会上的说法

性别恒常性的发展为儿童提供了固定的认知基础，以便他们开始学习如何获得适合自己性别的社交能力。他们被驱使着建立一种在所处文化中与自己性别相符合的社交行为。在西方文化中，性别是整个社会秩序的基础，而对性别的高度关注使之成为儿童最先发展的自我意识之一。社会学习理论认为，儿童想了解自己的性别是因为，只有当他们的行为方式与自身性别相符时才会受到奖励。

再回到着装的例子上，我们说一下泳装。为什么小女孩的泳装要模仿成年女性的样式？再来说鞋子，为什么小女孩需要高跟鞋？这些迹象表明，我们的社会认可儿童的早期性别化，特别是年幼的女孩，通过服装、媒体和音乐，甚至通过提供关系以及作为国家课程一部分的性教育，我们在努力让儿童以一种成人的方式来认识自己的身体。

意识到自己的身体与他人不同并接受这一事实是一回事，但通过影像、偶像和名人来展示常人难以企及的完美身材，这种做法对年幼儿童没有任何帮助。对年幼儿童来说，适合才是最重要的。那些未经审查的图像世界所带来的影响，至今我们仍然无法衡量和评估。进食障碍的悲剧，主要发生在青春期年轻女孩的身上，因为她们正在努力使其自我形象与身份认同和自尊感相协调，这难道是巧合吗？

公共世界和私人世界

通过这种早期性别化的文化现象，女孩比男孩更早进入公共舞台。也许远在她们的认知发展足够成熟之前，她们的外貌就引发了公众的兴趣，可能是通过时尚，也可能是出于对她们道德安全的关注，抑或是出于对身为女性可能面临的潜在负面结果的保护。但是，成人对儿童生为男性还是女性的看法所带来的影响开始得更早。以最近发生在我大儿子康纳身上的事情为例。他是当地某小学的一年级学生，正享受各种各样的社交关系，我有充分的理由重新关注其他儿童的世界对我儿子以及我们所照护的儿童产生不同影响的意义。

我和一位与康纳同校的女孩艾米丽的妈妈开玩笑说，我们两个孩子相处得这么好，现在我们可以考虑准备买结婚礼帽了。现在就让他们结婚费用会便宜得多，也省去很多麻烦。在我们都使用的一个社交网站上，艾米丽的妈妈发布了以下内容：

艾米丽对妈妈说：康纳不喜欢我了。

妈妈对艾米丽说：嗯哼，你打算怎么做呢？

艾米丽对妈妈说：我打算去找别人。（耸耸肩。）

幼儿的"爱情"就是如此简单。

由于康纳并不知道我们的这些评论，也没有个人电脑空间的概念，不知道成人可以通过社交网站讨论事情，因此我决定不把我看到的信息直接告诉给他。相反，我会问他今天和谁一起玩的。他告诉了我，但却没有提到艾米丽。于是我问他："你今天和艾米丽一起玩了吗？"康纳立刻哭了起来，我问他发生了什么事情。他告诉我，艾米丽不愿意和他一起玩，并且说："我想她是要甩了我。"我抱了抱他，问他"甩"是什么意思。他告诉我，"甩"就是一个人决定不跟你玩了。

他的反应让我措手不及，我整个晚上尽力抚慰他受伤的情绪并把他安顿好。我把这件事讲给他爸爸听，我们都对康纳反应的程度感到惊讶，并开始解读这件事情背后更微妙的内涵。我在网站上回应了朋友，内容如下：

> 刚刚和康纳聊过这件事，他大哭，真的。他说："我的心都碎了，因为我觉得她要甩了我！"他很难过，我告诉他，希望他们仍然可以做朋友。保佑他们。

艾米丽妈妈的反应是安慰和调解这两个孩子的"事件"，就像我一样，她回帖写道：

> 噢！保佑他，我希望他们能自己解决，在明天结束前他们就能和好。也许小孩子的"爱情"并没有那么简单。

网上的对话到此结束。当我再次见到这位朋友时，她问康纳是否已经平复了情绪，我也问了她关于艾米丽同样的问题。她还转述了艾米丽后来的话，说她追着康纳跑，但康纳却老是躲着她。艾米丽的妈妈告诉女儿，也许是你吓到了康纳。这件事再次成了我们之间的笑谈。

在那一周余下的时间里，这件事构成了我不愉快的回忆。我觉得自己在瞎操心，我想成为一个"看门人"，守护儿子康纳在社会化过程中可能遇到的负面情绪。我有一种挥之不去的感觉，这件事清楚地提醒我们，孩子之间、他们的家庭之间，以及他们各自不同但却同样有效的价值观之间，都存在着这样或那样的差异。

它还表明成人和儿童世界之间的相互作用是如何联系在一起的。成人的世界有很多概念等待儿童去了解。又上了几天学后，另一位热心的妈妈拦住我，问我康纳现在怎么样了。我也征求她的意见，问最近我们在网上的那些对话是否合适。她对这件事的担心是，孩子们还太小，不懂这些概念，我们应该小心，不要用成人关注的概念污染了孩子对社交行为的理解。

我向她保证，康纳的心理是健康的，我们都有一个理想，要尽可能长地保护好我们孩子的纯真。讨论中值得深思的是，这位母亲很自然地认为，成人公开发布帖子使用的语言，要与我和儿子私下对话使用的一样。

作为年幼孩子的父母，我们所有人都发自内心地关心自己的孩子和其他孩子的健康。这件事凸显了两位朋友对夫妻关系理解上的不平衡，也低估了这种不平衡对两个孩子情绪反应的影响。

我们自身不同的价值观影响了我们对这一事件作出的反应。这同样适用于所有的儿童以及发生在他们身上的社会事件。随着儿童年龄的增长，他们接触到越来越多的成人观念，如何驾驭这种日益复杂的社会参照，是我们养育孩子和在幼教工作中比较微妙的一个方面。社会行为和行为结果的差异，以及用来描述这些行为的语言的差异，都可能成为一个危机四伏的雷区。

既要树立榜样，还要做好看门人

作为成年人，特别是作为儿童早期教育工作者，我们有责任关注我们带给儿童的影响。我们的语言、行为、互动以及对事情的反应，均为儿童理解事物提供了参照，他们会学习这些参照物，并发展出对万物并育的理解。尤其是我们的语言，作为一种交流手段，会被所有的儿童看到、听到和学到。在我们的幼教工作中，尊重每个儿童的文化背景，对于儿童以及他们周围的人来说，这种照护义务与我们代表的不同性别同样重要。我们是儿童对其世界作出回应的看门人。

儿童："完美的"消费者

因为儿童对成人复杂的社会化行为还不能完全理解，他们认为地位和尊重对于每个人而言都是平等的。这是因为他们还未掌握"一般化他人"的概念，不了解成人世界凌驾于儿童之上。他们完全相信广告商和图像制造商告诉他们的一切。在完全社会化之前，他们不了解成人世界的复杂和微妙之处，不知道不能完全相信广告商鼓吹或销售的东西。这就使得儿童成为"完美的消费者"[7]。

当今，我们的孩子身处的环境充斥着消费文化和各种媒体刺激，在发展自身的性别角色或文化认同时，常常被暴露在大量的刻板印象和带有潜在缺陷的观念之中。因此，需要积极的关系，尤其重要的是，需要积极的、能代表所有社会差异的图像和语言，这是我们工作的基础。这些积极的关系、图像和语言，恰是未来社会包容的关键。

现代社会之童年，与女权主义之前的时代已然不同，儿童不再能够成功地采择与生理差异相关的历史性别角色，也不能成功地接受传统性别观念。鉴于此，我们应该做的是消除现代媒体带来的消极影响，消除由性别、不同文化身份或社会地位差异带来的霸权主张的影响。此外，我们还要注意的是，尽可能淡化任何差异带来的消极观点，鼓励儿童在他们身处的社会角色、价值观和文化刻板印象的动态中确定自身的位置。提升并支持社会敏感性，认可个人能力的重要性，看轻生而如此的性别身份、文化身份或社会身份，这样才能为我们的未来培养更多脚踏实地的人。

需要继续讨论的是，作为儿童早期教育工作者和儿童父母，我们如何在教育、广告和娱乐方面为儿童提供一种中性的性别环境。如果我们真的意识到我们的观点、价值观和语言对身边儿童的深刻影响，我们还会更倾向于监管它们吗？这或许会让我们重新把精力集中在支持那些能提升个人特质的价值观上，这些价值观有利于任何一种提倡包容的集体生活的社会。我们需要为儿童树立榜样，用温和与包容的态度对待所有的事物，欢迎并欣然接受一切差异，对我们作出的选择，以及我们作为个体所持有的价值观，培育并保有一种责任感。

语言造成的差异

如果语言反映并表达了我们所处的文化对于两种性别的价值观和期望，那么理解这种语言，特别是理解我们为什么使用它，就变得非常重要了。我们不断地改变我们所使用的语言，以此来反映我们对自身和所处世界不断变化的理解。我们可以采用任何语言来表达对事物的看法和理解，更重要的是，随着新经验的出现，我们也可以选择创造新的术语。伍德认为：

> 意识到语言的力量，会促使我们对将要使用的和支持他人正在使用的语言作出选择。我们的选择不仅影响我们的个人同一性和生活，而且也会影响社会的期望和性别观念。因此，我们认为，对语言进行反思，会对塑造我们的文化发挥积极的作用。[8]

在下一章中，我将探讨语言对我们以及我们的孩子产生的强大影响，以及语言又是如何将我们的社会自我与我们的情绪和理解联系在一起的。

暗示的力量

儿童知道，对成年人来说，能够对他人进行分类很重要，他们甚至试图在理解分类之前找到"正确"答案。最近在和孩子们一起读书的时候，我们欣赏了茱莉亚·唐纳森的《咕噜牛》[9]。这是一个弱者用机智和幽默战胜强者的故事。在读故事时，我有意轮换使用"他"和"她"来指代故事中的小老鼠角色。读完后，我问孩子们想扮作谁。很多男孩说他们想成为咕噜牛，因为咕噜牛很吓人，还会发出"哇哇"的声音。孩子们明确地将咕噜牛标记为一个男性角色，"坚固的下颚和锋利的牙齿"是明显的男性生理特征。尽管老鼠可能被认为是故事的主角，但却不是孩子们想成为的角色。当被问及老鼠是男孩还是女孩时，孩子们对此并不能确定，在我们谈话的过程中，许多孩子改变了主意。我故意没有给他们提供任何语言线索，孩子们也根本没有联系它的性格特征。但作为成人，如果你知道这个故事但并没有读过，你觉得老鼠是男孩还是女孩呢？

如果我确认老鼠是女孩，孩子们会相信我的观点，认为她是一只戏弄了可怕的咕噜牛的聪明小老鼠。我的成人意见和权威地位显然影响了他们的思维。

实际上,《咕噜牛》中的老鼠是无性别的,全书都没有出现"他"或"她",完全是由读者赋予了这一角色特定的性别。暗示的影响很强大,不是吗?

参考文献

1. L. Eliot. *Pink Brain, Blue Brain*. Oxford: Oneworld Publications, 2010.
2. M. Holmes. *What is Gender? Sociological Approaches*. London: SAGE Publications, 2007.
3. J. Wood. *Gendered Lives: Communication, Gender and Culture*. 5th edn. Belmont, CA: Thomson Wadsworth, 2003.
4. J. Wood. *Gendered Lives: Communication, Gender and Culture*. 5th edn. Belmont, CA: Thomson Wadsworth, 2003.
5. H. R. Schaffer. *Introducing Child Psychology*. Oxford: Blackwell, 2004.
6. L. Eliot. *Pink Brain, Blue Brain*. Oxford: Oneworld Publications, 2010.
7. P. Hammond. 'I Want Everything Now!' Eye, 2007, 9(2).
8. J. Wood. *Gendered Lives: Communication, Gender and Culture*. 5th edn. Belmont, CA: Thomson Wadsworth, 2003.
9. J. Donaldson. *The Gruffalo*. London: Macmillan, 2011.

我爱的

是你本来的样子

第 8 章

语言的联系作用

没有语言,我们的情感就没有名字,亦无法表达;没有语言,我们的记忆和叙述也就无法轻易传递给他人。

为什么面包师不再做甜甜圈了?

因为他厌倦了做挖洞的事情（the hole business）！

——乔茜（4岁半）

  语言将儿童发展的不同方面都联系在了一起。乔茜把她的笑话重复讲给每个愿意倾听的人，她观察大家的反应，希望她的笑话能把大家逗乐。从认知的角度来说，乔茜并没有意识到这个笑话其实是一个文字游戏，她还需要学习音素或语音，才能认识"hole"和"whole"这两个单词的区别，以及它们与甜甜圈的关系。她还没有领会这个笑话的结构以及它为什么好笑。但是，乔茜很确定她反复讲这个笑话时给她带来了社交乐趣，当她把别人逗笑时她自己也觉得更开心。

没有语言，我们的情感就没有名字，亦无法表达；没有语言，我们无法解释、判别和分享对概念的理解；没有语言，我们的记忆和叙述也无法轻易传递给他人。这些事情组成了我们的社交生活，而语言是其中的核心。

如果让你回忆童年时最喜欢的一次度假，你的回忆可能是关于这次度假的地点、人物以及经历的描述。你或许还会记得那次度假时你的情绪如何，以及当时的味道和声音。不论你是否大声说出来，你所有的想法都会用到语言，因为在将你的记忆和我的要求相联系时，你头脑中的声音便将你的认知、情感和社交联系了起来。语言将我们的认知和情感与我们的社会存在联系在了一起。

我曾经与一位患有先天听觉障碍的早教工作者共事过，她从未听过一句口语、一首歌、一声孩童的欢笑，但是她给身边的许多同事和儿童都带来了全新的认识。她运用符号和形状来思考，借助手势、表情和规范的手语与人交流。你可能不知道，在失聪者的世界里，交谈时不看着对方的脸是不礼貌的行为，触摸、轻拍、轻戳对方等一些行为，都是他们进行社交时可以接受的行为。她的社交能力并没有因不能说话而受到限制；相反，她更加有意识地使用肢体语言和精细的信号传递信息；而在我们正常人的世界，我们已经摒弃了这种婴儿期传递信息的方式。她的这种非言语表达对婴幼儿来说格外有魅力，孩子们也被她对所有人的这种非语言表达所吸引。

当然，她也同样能够告诉我她童年时最喜欢的一次度假，她仍然拥有记忆，以及与记忆相关、和感觉相连的认知。只是她采用了一种不同的语言在向别人传达信息。

寻找恰当的语言

使用语言进行交流是我们从出生那一刻起就需要掌握的基本技能。这种技能是我们人类进行社交的重要支柱。作为自然界中的一个物种，我们使用符号表征向他人传递信息，语音和语言是这些互动的速记。语言是一个强大的工具，有助于我们培养情绪韧性，调节我们的情感。这也意味着我们能够控制如何与他人进行情感联系，并对他人作出回应。婴幼儿天生具有发展语言技能的动力，这并非偶然，因为语言技能有助于婴幼儿快速满足实际的生理和情感需求。做到这一点意味着他们能够对周围的环境产生影响，这也将成为他们未来自尊的基石。与语言技能一起发展的还有儿童的认知和情感能力，这也是儿童掌握社交技能所必需的能力。

图 8.1 将各种技能整合在一起

压力下的语言

一旦儿童获得了沟通技能，他们便能很好地表达自己的思想，熟练地使用语言，而不再像婴儿那样，通过噪音和啼哭来传达信息。于是，他们就可以成为自己情绪状态的窗口。一旦年幼儿童的语言退化到之前的某一早期阶段，比如用儿语或牙牙学语式说话，这通常意味着他们处于不能很好地应对某种情绪或认知的时期。户外的假装游戏是一种非常适宜年幼儿童的活动，通过户外假装游戏，儿童可以听到不同的语音、语调和趣味性的语言，短暂地退行到婴儿期这一行为给我们敲响了警钟。由于各种各样的原因，儿童积极寻求更密切或更受关注的回应。这可能是由于他们的生理需要影响了其情绪稳定能力，或者是由于社交失衡对他们来说是新的或具有挑战性的经验。

年龄稍大些的儿童会对他们周围的世界形成一种更深刻、更复杂的理解，也会使用更成熟的能力，成功地与周围的世界和身边的人建立联系。当他人对儿童的期望超出了他们的应对能力时，最先出现的迹象就是语言的丧失。如果儿童的语言不仅激烈，而且愤怒，那么他们可能存在认知或情绪上的紧张感。就像一条（绷紧的）橡皮筋一样，他们的处境所造成的紧张，如果持续一段时间，可能会让他们精疲力竭，也会让其他人疲惫不堪。努力将伴随的情绪用语言表达出来，这是儿童体验焦虑的特点。这种焦虑包括社交压力、情绪压力，以及我们一生中都会时不时感受到的失衡。但对儿童来说，这种影响会更强烈，因为他们通常是第一次经历这种压力和失衡。

我们的期望

成人对儿童的主导和期望会造成冲突，此冲突开始之早可能令你吃惊，乍一看似乎源于成人对儿童的控制。很小的孩子就非常容易受周围成人的影响，他们甚至会主动寻求在成人看来正确的答案或行为，因为他们已经能意识到成人期望他们这样做。

对儿童不切实际的期望，实则会阻碍他们的探索、尝试以及在安全的错误中学习。例如，一名 10 岁的男孩连续一周的表现都不理想。在学校时，他的行为被认为是粗鲁无礼的；在家里，家人认为他行为古怪、任性，总爱打扰别人并给别人带来压力。我想他的语言也会随之恶化！他或许会选择愤怒地表达自己，或者给他人带来负面影响；他可能会通过大喊大叫来排解自己情绪上的不适；他甚至可能会由于情绪引起的疲惫而逃避现实。这个男孩正在经历一种对他来说全新且具有挑战的社交或情绪高原，他的"橡皮筋"正在被拉紧。如何应对青春期和成年期的关键节点，将对他一生的情感素养有着重要的影响。该男孩心理上的这种压力与任何新的社交处境所引起的压力是相同的，唯一不同的是成年人对他的期望。

像任何儿童一样，这个男孩需要发展社交韧性和交际语言，以应对新的甚至更具挑战性的社交事件。他早期的情感经验提供的模板将成为未来社交行为的蓝图，随着他收集的证据越来越多，这些证据要么证实了这种社交方式的有效性，要么反驳了它。

建立联系

作为成人，有一大批心理专家可以帮助我们识别并积极管理我们的情绪。但是对于婴幼儿来说，他们调节和处理自身情绪的模式尚未确定。在他人的支持下，通过应对更为困难的社交和情绪事件，可以为儿童发展情绪和社交韧性、形成经过验证的应对策略提供至关重要的实践经验。这些东西无法教给孩子，必须让他们自己去学习。只有通过亲身经历，他们才能积累社交技能，以理解自己在任何情境下作出反应的后果。一方面，我们的本能是保护儿童的情感和利益，解决任何他们可能遇到的困难；但另一方面，我们还要让他们获得独立解决问题的技能，因此，必须在两者之间保持平衡。

语言策略

在我们的工作中，对于那些初步展露语言技能的儿童来说，许多语言策略都很有效，但最有效的还应是主动、有意识地模仿我们如何对待年幼儿童的行为。父母与儿童早期教育工作者之间建立的安全沟通桥梁，可以为儿童提供宝贵的机会，在尊重和情感安全的前提下，模仿人际关系和语言如何运作、如何发挥作用。

所有成人进行沟通和交流的做法和事例都会被看到的儿童所吸收，儿童从他们耳闻目染中学习，无论我们展示给他们的是什么。

最近，一位朋友的女儿第一次尝到"三人团体"的滋味。三人团体不断经历着互相之间的融入和排斥，三人中的某人被排斥时会感到沮丧，不久之后又会被重新邀请加入该团体。对许多儿童来说，这种情况都会令他们心烦意乱。与我们见到的儿童间偶然的友谊不同，这种关系对儿童来说更加真实，更具私密性，因为他们试图理解友谊为何具有排他性。这样的经历给儿童提供的社交实践是无价的，但对于儿童、老师或是家长来说，它带来的痛苦可能无法避免。就儿童而言，这种经历为他们提供了体验失望、被排斥等情绪练习的机会，也能在与他人的关系中体验信任和接纳；但是，这个过程同时也会让人感到疲惫和困顿。

对于这个女孩来说，三人关系中的这种沮丧情绪现在已经侵扰了她的家庭环境，母亲感到女儿开始不知所措且精疲力竭。这个女孩需要一个安全场所，即一个没有内疚、没有惩罚、没有评判和后果的场所，聊一聊她是如何处理当天的事情的。创设一次机会，在我们之间重演一次情感互动，女孩的母亲和我演示了我们如何一起讨论一种敏感的情绪问题。我假装口头承认自己觉得受到了伤害，她的母亲作为朋友表现出对我的感受很敏感，尽管过程经过了修饰，而且还有些令人不适，但我们的演示达到了预期的效果。这个女孩明白了该如何处理这件事情，这个安全场所提供的开放性，为母女两人提供了一种策略，可以用来缓解女孩在社交学习期间不可避免的沮丧情绪。

社交和情绪习惯

这种对语言结构的早期模仿，开始得比许多人以为的要早。施塔登和格哈特描述了给予婴儿抚慰的情感价值。他们强调，最初的母婴依恋，在身体上、情感上为孩子带来了无条件的抚慰，也为孩子提供了一个模板，教给孩子如何将情绪恢复到生活中的正常模式。[1] 通过安抚婴儿，使他／她从沮丧中恢复到更平稳的心理状态，信任关系为学习这项重要的生活技能提供了实践场所。最后，婴幼儿有希望逐步发展出这种可以抚平自身情绪的能力。儿童一旦能够成功调控自己的情绪，将会影响其一生的幸福和社交韧性。恢复心理和情绪平衡所带来的舒适感，也会为我们提供一幅终生的蓝图，让我们能够调节情绪不稳定的紧张状态，以及应对和调节一些更困难的消极情绪，比如内疚、丧亲之痛和悲伤。

儿童早期建立的稳固的社交和情绪习惯也有助于建立信任。能够信任他人，能让年幼儿童相信自己的社交能力、人际关系，并让他们较早地意识到自己对他人的价值。早期的社交关系环境有助于儿童进行自我情绪调节练习,并影响他们日后生活中自尊的形成。这种早期的行为蓝图或模式会成为他们一生掌控习惯以及随后的社交和情绪韧性的模板,而这种心理韧性源于掌控带来的自信。

提　问

向他人提问是个体社会化的一个方面,可以获得信息和启发,并展示与他人交往的真正兴趣和意愿。提问需要练习同理心和同情心,有助于我们跳出自我导向,更多地关注他人,更重要的是,有助于我们对自身情绪和感受保有一种认识。

对于年幼儿童来说,无论他们外显的语言能力如何,向他们提问能够很好地驱散他们之前强烈的消极情绪;如果一个问题能分散儿童的注意,那么他们的坏脾气就会被冲淡。面对孩子的哭闹,与其动用强大的情绪能量对他们大喊大叫,不如适时地提出一个问题,让他们的认知焦点发生改变。他们会将自己的精力转移到寻找问题的答案上,或者至少不再将注意力集中在沮丧的情绪上,因为他们会对新问题感兴趣。我们是在直接对他们的大脑说话。

对正处于痛苦或沮丧情绪中的儿童来说,儿童早期教育工作者可能并不是他们最熟悉的成人，因此，提问的技巧对于有经验的工作者尤其有用。对儿童提问会触发其过往蓝图或模式，因为它要求大脑搜索以往的信息目录来作出相应的回应。它向我们的大脑传送能量以作出反应——"答案在这里的某处"。寻找答案时熟悉的神经路径不仅有助于大脑转移之前对沮丧、痛苦、肆意破坏的关注，而且也有助于儿童相信他们能够在一定程度上控制和掌握自己的反应。

犯错的重要性

犯错的能力、尝试某件事情的能力，以及结果与预期不符时的自我调解能力，是所有学习的核心。这些能力同样也是创造发明的核心，因为它们展示了尝试和冒险的意愿。儿童天生具备这些能力，正是他们所处的环境最终利用了这种创造力，作为理解新事物的途径；或者在一种不允许犯错的文化中，阻碍了这种创造力的发展。这一特点在使用早期语言的儿童中最为明显。

在一次家庭出游去城堡的途中，大约由 12 个孩子组成的群体非常喜欢观看一些中世纪风格的才艺表演。当地热心的志愿者为孩子们表演了整场主题活动：盲人捉人、狩猎以及最重要的剑术格斗。

图 8.2 不断去尝试

在剑术格斗的过程中,装扮成贵族导师的演员告诉孩子们,在他们用新学会的剑术把那个农夫"刺倒"之前,要先大声地冒犯(insults)他。12 个孩子大声喊着"冒犯"这个词,把观看表演的父母和其他成人全都逗乐了。令人欣慰的是,这提醒我们,即使儿童对他们正在使用的语言和语境尚未形成一种稳定的理解,但他们有勇气去尝试、去创造、去相信他人。

真正重要的是,我们要认识到,作为儿童身边的成人,对儿童所犯的语言错误,我们应如何作出回应。这必然受到我们的价值观、信念和经验的影响,无论是作为个人还是集体,最好都要反思这一事实。儿童勇于尝试,因为与他们意识到犯错所带来的后果相比,他们想表达自己与这个世界互动的欲望更为强烈。

社交互动的稳定性

年幼儿童习得的情绪稳定性以及随后的社交韧性,均源于他们最初的人际关系经验。直接的目光接触便是其中的一个基石,触摸和言语交流也具有同样的作用。

所有这些都是培养儿童与他人信任过程中的一部分。"事实上,他们(婴儿)会花很长时间凝视照护者的眼睛。"[2]

在目前育儿实践的许多当代习俗和理念中,鲍尔比关于婴儿与其主要照护者之间的依恋便是一个关键的概念。例如,提倡母乳喂养不仅仅是从饮食的角度来考虑的。哺乳时,小婴儿和母亲构成的完美姿势,使他们能够很好地进行眼神交流,并加深彼此的依恋。当前的可行做法还包括给婴儿充足的俯卧时间,鼓励他们发展力量和身体自主性，通过将头和身体朝着周围的声音源头方向移动来实现与他人的互动。确保婴儿坐在童车里时面部朝后，让他们有机会看到正在照护他们的那个重要他人。学着给婴儿按摩已成为一种时尚，这不仅仅因为这种身体的接触具有养育作用，还因为它有助于在母婴之间建立身体的信任，包括与他人直接的目光接触。所有这些都有助于为婴儿与照护者之间的情感和互动安全奠定基础。即使婴儿被送到外面的托幼机构，离开父母和其他的主要抚养者，他们也能够接触到一个值得信赖的关键人物，这已经成为当代大多数情况下的一种理想做法。

所有这些都反映了成人与儿童之间互动的重要性，即互惠、相互尊重以及同等地付出努力。

降至儿童水平

对年幼儿童进行提问的效果，完全取决于你首次与那个人接触时关系的稳定性。作为婴幼儿保育工作者，我们都知道行业推荐的互动惯例是"降至儿童水平"。据我所知，当要求在多个方面表现不错的应聘者与即将照护的儿童待一段时间时，这些应聘者经常会犹豫不决。通过观察他们如何与婴幼儿互动，可以衡量他们与生俱来的与婴幼儿建立关系的能力。尊重肢体语言，并有足够的直觉读懂他人的肢体语言，这些都是儿童早期教育领域高效从业者的基本技能。

意图和选择

我们与他人之间成功的社交互动依赖于广泛的回应，以及能用词汇表达我们的意图。目前，英国国家课程将读写能力置于儿童学习和发展的核心位置。这是因为人们认识到，让儿童掌握我们所处环境中的语言、语法和词汇不仅至关重要，而且对儿童未来生活中的机会也有重要的影响。语言技能决定着儿童的自我效能感、自尊感和掌控感，因为语言技能关乎我们与世界的互动。

对来自贫困家庭的儿童而言，5岁时的词汇量是他们未来社会流动性的最佳预测指标。[3]

儿童不仅需要发展语言技能，还需要能够感知他们所选择的语言对他人产生的结果。练习这些技能的时间和机会在儿童期，而语言获得的机会在青春期接近尾声时。青春期之后，我们的情感和语言缺陷可能会成为他人消极议论我们的焦点，经常会被指责为不成功或某些关系不稳定的原因。

数字时代

我们当中的许多人对科技的繁荣持保留态度，因为它给我们身边年幼儿童的语言技能带来的可能是负面影响。不可否认，数字世界是当今和未来世界的一个显著特征，但同时我们也必须了解我们的保留态度从何而来。

我们的童年是一个没有 iPad、iPod、虚拟化身和短信的时代，甚至连电脑和手机都还没有出现。我们不仅对自己的童年有着遥远而怀旧的回忆，而且还会不自觉地对任何阻碍面对面交流的新科技产生怀疑。人们越来越关心我们是如何失去面对面的互动、交流和谈判的能力的，并意识到这会对我们后代的社交互动和人际关系能力产生负面影响。

有充分的证据表明，人们担心在不合时宜的年龄过度使用科技产品可能会对儿童的语言产生不利影响。语言是通往新概念和新知识的大门，更重要的是，它是一种与人交流的工具。对儿童来说，与那些对他们真正感兴趣并且关心他们的人面对面地交谈，这是其他任何方式都无法替代的。不论我们所处的科技环境如何，没有什么可以替代两个心灵的直接交流。

> 语言与两个心灵之间的复杂交流有关，因为意义和语言的交换是人类交流的核心。[4]

挑战与困境

时间、空间和机会

为儿童的想法和创意提供时间和空间非常重要，这表明我们将儿童看作一个独立的个体，这也为他们提供了机会去回忆和预演过往的经验，并表现出因这些经验所产生的情感。如果只有时间而没有空间，会让想要探索自己想法的儿童受挫。反之亦然。对于非常年幼的儿童来说，这是触手可及的探索。与我们进行语言交流是儿童获得第一手经验的一部分，它扩大并丰富了这些经验的社会性、情感性和认知收益。但是，这并不是新发现的知识。20世纪80年代末，布里斯托尔的研究发现，儿童学习语言的最佳方式不是训练和指导，而是成年人参与其中，并对儿童所说的话真正感兴趣，成人与儿童都投入到真实的情景对话当中。当前教育体系中的课程过多，儿童和成人几乎没有时间和机会进行情景对话。这促使教师、从业者、教育家和家长作出转变，对年幼儿童的学习给予更少的约束、更少的规范。

面对面的沟通技巧

由于数字时代和社交媒体时代的到来，人们普遍担心面对面的交流行将消失。是否由于缺失与真实的人进行真实的互动从而损害了虚拟体验的价值？这种担忧让越来越多的人支持对当前的小学课程进行改革，强调将儿童的户外活动、体育锻炼和非数字化的真实生活体验纳入其中。

同等努力的互动

作为成人，我们通常学着如何去寻求同等努力的人际互动。我的意思是，随着时间的流逝和经验的分享，我们与那些互动过的人之间的关系变得更舒适、更稳定。我们感受到了熟悉、关怀以及情感和社交上的融洽。作为成人，我们中有许多人在结交新朋友时会感到不舒服，并寻求专业人士或朋友的帮助，以了解如何提高与他人交流的技巧。作为儿童生活中的成人，我们难道不应该成为他们所依赖的人，为他们提供熟悉的人际关系，进行同等努力的互动，相互尊重，并让他们拥有足够的社交和语言练习机会吗？

在生活中结识新人

在生活中结识新人是个体生活的一部分，给儿童示范结识新朋友是一种积极的体验，这一点非常重要。对于儿童来说，他们天生对所有新事物和陌生人都持有好奇心，然而，我们作为他们世界中的"他人"，却经常给他们的社交行为灌输危险和恐惧意识。儿童第一次结识众多新人可能是在他们入学时。从文化的角度来看，这是一件非常重要的事情；对于儿童来说，这也是一件大事，的确是一个新的开始，他们将会结识许多新朋友。对他们来说，这意味着他们作为"家中宝宝期"的结束，而更重要的是，我们要意识到他们这一时期的结束；然而，与他们的父母不同，儿童不会抱着与父母的共同经历不放。但是，他们还没有足够的经验，还需要紧紧抓住某些人或地方作为安慰，这是作为成人的我们需要做的事情。在新学期开学的第一天，需要熟悉儿童父母的是我们这些儿童早期教育从业者，这样，我们就可以和儿童一起认识新老师，体验新环境和新经历。我们的行为方式，以及我们谈论不可避免的生活变化、新常态和它"过去是怎样的"时所使用的语言，都会在儿童学习如何作出回应时被模仿。细想下来才知道，对新事物的恐惧是后天习得的。

参考文献

1. N. Stadlen. *What Mothers Do*. London: Piaktus Books, 2004. S. Gerhardt, Why Love Matters. East Sussex: Routledge, 2004.
2. M. Whitehead. *The Development of Language and Literacy*. London: Hodder & Stoughton Educational, 1996.
3. J. Blanden. 'Bucking the Trend: What Enables Those Who Are Disadvantaged in Childhood to Succeed Later in Life?' Working Paper No 31, Dept of Work and Pensions: Crown Copyright, 2006.
4. M. Whitehead. *Supporting Language and Literacy Development in the Early Years*. Buckingham: Open University Press, 1999.

别人说话的时候

你不会随意打断

你懂得【聆听】

第 9 章

为入学做好准备，
为生活做好准备了吗

年幼儿童在经历一种转变，即从早期家庭生活中非常重要的人到成为学校环境中众多被管理的人中的一员。

我坚信，随着年龄的增长，我们的创造力非但没有发展，反而是逐渐丧失了，或者更确切地说，是所受的教育让我们丧失了创造力。[1]

　　在近些年的研究中，我探索了儿童如此之早的入学给他们带来的影响。在英国，许多教育主管部门明确规定，儿童必须从5岁生日后的第一个学期开始接受全日制教育。事实上，大部分儿童在4岁生日之后的九月份那个学期就被送入小学。个别家庭认为，孩子可能在认知或社交方面还没有做好入学准备，许多入学政策的细则在处理这些家长的担忧方面仍然模棱两可。相比之下，家长和儿童早期教育工作者对于儿童"还没有做好入学准备"则有很明确的认知。

任何了解儿童从4岁到5岁这短短一年中所经历的重大成长和发展的人都知道，这种担忧显而易见且不可避免。因为正是在这一年，不同的儿童在不同的时间点开始进行认知和情感的整合。他们开始应用认知理解去处理新问题和新场景。他们开始独立地长时间专注于自我延续的任务，并且随着不断练习社交技巧，他们在信任关系中使用了越来越复杂的沟通技巧。

开发潜能

技能有时与年龄无关，否定我成为一名轻盈的冲浪高手的并不是我的年龄。即使到了6岁，我仍对冲浪感到恐惧，不敢尝试。然而，对于婴幼儿来说，存在潜能发展的关键期，在此期间，他们会发展出终生的心理韧性，以及一辈子都热衷学习新技能的秉性。个体生命的最初几年，已为他们一生的情绪和社会性发展奠定了蓝图。开发儿童个人潜能的过程存在敏感期，在这个过程中，必须承认儿童作为个体的独立地位及其自主性。当前的入学安排只适用于一部分儿童，并不适合所有的儿童，有时甚至会损害部分儿童的潜能和发展。对一些儿童来说，如果儿童教育工作者和父母比较敏感，那么这种损害可能是暂时且短暂的。但是，对于其他儿童来说，不适宜的安排可能会阻碍他们的情绪发展，破坏他们对已知世界的信任，影响他们与周围人的关系，损害了情绪和社交韧性的早期种子。

社交韧性

心理韧性是容忍陌生感和不稳定性到一定程度的一种能力。它是儿童应对并接受从一种心理状态到另一种心理状态必要转变的心理机制；它决定着儿童在成长路上的快乐程度。可以说，现代儿童的社会关系越来越不稳定，由于许多儿童的父母分手或离婚，加之校园霸凌，儿童的社交韧性在许多方面正经受着严峻的考验。

社交韧性是指个体即便在情感不确定期，依然能够理智地参与人际关系的能力。在儿童还不能很好地处理情绪和社交问题时，过早入学可能会给家长和儿童带来痛苦。这种情况也会引起那些心理韧性较好儿童的关注，因为他们试图了解自己和他人在学校这个更大的群体中对新经验的反应。儿童及其家庭的情绪不确定性也会给老师和学校工作人员带来困扰，因为他们试图找到所有儿童共同的发展标准，以便开展结构化的学习准备。

社会交叉点

在整个儿童期,儿童要掌握许多社会技能,其中第一个也是最重要的发展里程碑就是从家庭到学校的转变。脱离家庭的保护,掌握在更大的同伴群体中与他人合作的早期概念,这对儿童来说至关重要。这一点,以及他们早期尝试用自己的方式与他人协商和交流自己的想法、感受和观点,都是了不起的壮举,如果成功了,值得为之喝彩。儿童周围的社会关系十分重要,是他们如何应对和吸收新经验的核心所在。周围人对学校的描述以及新鲜感,相当程度上会影响儿童对学校的感知、期望和看法,正是这些开启了儿童与环境的关系,而他们的大部分正式教育将在这一环境中完成。

学校的目的

托马斯·阿诺德是维多利亚时代拉格比公学的校长,他认为学校的主要目的旨在塑造个体的品格,为他们成功的成人生活做准备。他认为教育应能促进儿童的自律和道德发展。第二次世界大战后的几年里,人们又重新开始关注阿诺德的品格教育理念,国民的公民权利被视为一种政治力量。最新修订的英国国家学校

图 9.1　学校教育的目的是为儿童以后成功的成年生活做准备

课程提出学校教育的基本目的是："第一，学校课程的目标应该是为所有的学生提供学习和成功的机会。[2] 第二，促进学生的精神、道德、社会和文化发展，为学生提供生活的机会、责任和经验。[3]"

这些教育目的表明，当代的政治关注通过教育来指导年幼公民的道德发展。最近有人公开质疑，比起考试成绩的高低，是否更需要重新关注儿童品格的发展。[4]

重申在校期间儿童品格的培养是他们一生成功的关键，这表明有人正在努力将品格塑造作为学校教育的首要任务。尽管这听起来颇具争议，但是，通过英国教育标准局评估和美国学业能力倾向测验会为学校赢得公众声望，这一奖励远远超过了儿童凭借天赋、想象力和学习热情完成他们的学业而得到的那种适度奖赏。这些耀眼的、公开的学业成功，也许对于社会来说非常重要，且起到了延续那种"一刀切"教育体系的作用，但是，它正在破坏着儿童在社交和情感上获得学习经验的权利，要知道，在他们人生的头18年里有14年是在教育机构里度过的。

可以肯定的是，儿童所经历的许多复杂的社会性发展，大多都是在学校里的各种人际关系背景下发生的。埃里克森将心理社会发展与年龄联系起来，确定了每个儿童都会自然经历的几种情绪和道德发展阶段。例如，他认为大多数6~7岁的儿童会在情感、认知和社会性方面足够成熟，能够区分负罪感和羞耻感的概念和含义。埃里克森的许多心理社会发展阶段阐明了儿童道德成熟的过程。[5]

道德教育

任何特定社会中的是非判断，或者个体选择或行动的过程，都是基于该个体迄今所经历的特定背景的主观判断。我们每个人认为正确的道德选择是由两方面决定的：一是所处社会的习俗；二是强化社会习俗的存在以及对我们有价值的个人经历。

举一个发生在我家的例子。有一天，上小班的康纳从幼儿园拿了两个塑料玩具回家，这些玩具当时在他的同伴中非常流行。他明目张胆地向另一个孩子要东西，这让我很沮丧。在从另一个孩子手里得到这两件"宝贝"的谈判中，他的理由很老练，他真的不明白我为什么对他通过谈判得到东西这件事很不满意。经过长时间的询问我才得知，用于交换这两件"宝贝"的也是他从那个孩子那里"偷偷拿来"的另外两件东西。从成人的社会道德视角看，偷东西是极其恶劣的行为，但对于4岁半的康恩来说，他目睹了许多同龄人交换和"交易"东西，但东西的来源并不重要。他甚至很惊讶，我居然不觉得他通过巧妙地操控别人从而获得自己想要的东西是一件非常了不起的事情。

20世纪20年代，哈茨霍恩和梅在研究中发现了同样令他们惊讶的现象。在他们观察的学生中，讲道德的少；相反，多数儿童自私，且在大多数时候缺少自控。根据他们的研究结果来看，道德似乎取决于情境，因为这些学生在某些情况下会作弊或撒谎，而在其他情况下则不会。他们得出的结论是，这些并不是品格的特质，而是"在特定的情境关系中习得的特定习惯，可以使得某种反应获得成功"[6]。

换言之，不管过去的关注点是什么，儿童的行为得到的回应，或者他们认为将会得到的回应，对他们未来的道德责任感和社会同一性的发展都十分重要，且具有促进意义。我们的行为或回应，决定了他们的行为是否被接受。

最初的道德理解

努奇关于儿童道德理解发展的研究表明，道德始于儿童早期，他们关注对自己和他人的伤害。[7] 婴幼儿将自身的安全看作基本的生理优先权，并很快意识到，在客观上伤害他人是不对的。他们开始理解，即使没有禁止打人的规定，打人和伤害他人也是错误的，因为"当你被别人打的时候，你会受伤，然后你会哭"。他们有被别人打的亲身经历。对儿童而言，这样的道德规则是可以理解的，但他们掌握公平具有相互性（即以自己希望被对待的方式对待他人）则更晚。在更广泛的社会传统背景下，"公平是相互的"通常被认为是道德的。但对年幼儿童来说，公平常常表现为他们自身的需要得到满足。"这不公平"通常意味着"我没有得到我想要的"，或者某人的行为让这个儿童受到了伤害。虽然年幼儿童的道德感开始萌芽，但他们对公平概念还未完全理解。他们也不理解习俗在社会系统组织中的作用。对于教育工作者来说，要有效地促进儿童的道德和社会性发展，就必须使教育实践符合儿童的发展水平。这意味着，在儿童尝试接受任何规则之前，他们首先要理解这些规则。为了让儿童理解规则，这些规则的结果便需要在儿童的理解范围之内。要想熟练地与儿童打交道，儿童早期教育工作者需要接受培训，需要深刻地理解儿童的发展，需要有运用这些知识的经验本能。最重要的是，他们需要取得儿童的信任。与儿童建立深厚的关系，就能够得到他们想要的反馈。

理解的工具

为了呼应英国政府在 1996 年提出的"教育、教育、教育"的优先目标，我们提出，帮助所有人理解所处世界规则的工具是"语言、语言、语言"。熟练掌握文字和符号，对于我们成功地向他人传递信息和表达我们的意图至关重要。随着儿童的语言、语法知识和词汇学习的不断发展，他们开始实践这些新获得的技能和知识，此时语言就会大爆发。使用新技能的急切性往往会使儿童忽略准确性。过不了多久你就能听到，他们会用一个自己认识但不明白词意的词来表达其想法。2 岁的艾米丽在镜子中观察自己时会说"我的舌头上全是雀斑"，3 岁的露丝表达她对冬雪到来时的欣喜，惊叫着"雪花都是闪闪发光的"。在限制他们交流思想的内在动力之前，儿童会借用词汇表达自己的意思。正如冈萨雷斯-米纳所说："语言是通过我们使用词汇来形成的，并用于交流信息、思想和情感。"[8]

表达自己意图的倾向不仅表明了儿童有与他人进行社交互动的内在动力，而且同样重要的是，这也表明了他们对新概念和可能性所具有的天赋和想象力。当儿童入学后，他们对自己的想法进行富有想象力的建构，自信地将这些想法传达给他人，这些能力都是至关重要的。

> 近些年的研究表明，儿童2岁时的语言发展与以后的入学准备有很大的关系。早期的家庭交流环境对2岁儿童语言发展有着最大的影响，远大于社会环境的影响。[9]

学校规则

当代许多小学对儿童的自由和个人兴趣都有自然且必要的约束和限制，这与班级中学生人数的增多直接相关。学校制定规则，通常是为了维护集体利益，使得他人能自在地使用共享资源、设备和公共空间。对于年幼儿童来说，他们面临的问题并不是长期与其他儿童近距离相处会阻碍他们表达自己的观点，而是相当程度上限制了他们在众多学生中脱颖而出的机会。

在小学低年级，儿童通过发挥想象力来表达自己的需求，但这通常会因为许多因素的影响而自然地减弱。首先，许多儿童已经适应了每天上学时重复的日程，形成了与之相应的社会行为。许多儿童已经适应了学校的运转机制，对于上学时的常规和节奏感到舒适和自信，并且能够在学校环境中始终如一地独立完成各种任务。他们发展了早期的友谊和一些策略来应对由此产生的新的社交经验，包括在决定自己应该或想要如何对待他人时，也会运用早期的道德判断。然而，所有这一切都与他们不断发展的个体同一性相背离，致使其不断地与环境和学校强加给他们的群体规则做斗争。这些因素交织在一起，共同形成了个人版本的常识，即个体对常见事件的理解。

简言之，年幼儿童在经历一种转变，即从早期家庭生活中非常重要的人到成为学校环境中众多被管理的人中的一员。他们正在发展自己的社交和情感技能，以应对这种转变。

无论学校的质量、成绩、在排行榜中的位置以及政策如何，对于任何一个孩子来说，实现这种发展转变的关键要素是他们与周围人建立的社会关系。

学校是充满想象力的世界

对许多教师和儿童教育工作者来说，充分调动儿童的想象力和早期的自尊感，同时还要有效地运用学校的规章制度以保证集体的利益，这是相互背离的两件事。例如，一个孩子正在全神贯注地尝试着实现一个想法或创意，你却要求他／她赶快收拾东西，因为现在轮到小组开始做其他的事情了。此时你就能体会到我上面所说的话。对于儿童教育工作者来说，这是很常见的两难选择。人们普遍认为，自由游戏、自我表达和富有想象力的探索对年幼儿童意义重大，因为他们可以从中学习坚持和专注于尝试一件事情。也许无法实现预期的结果，唯一可做的是调整这个结果，使之适应另一个更稳定可行的想法。语言发展和社会交往的机会是无限的。学校和学校里的成人要想在儿童的热情和创造性探索与集体的利益之间取得平衡，真的不易。因为这通常意味着，要在政策和法定要求的约束下，巧妙地将优先事项和人两者兼顾。

何谓成功，谁来评估它？

成功是一个主观的概念，但从当代的视角来看，对英国的儿童来说，成功应该是通过良好的教育，充分发挥他们的学业潜能，使他们的社会流动性和生活机会最大化。

莉莲·卡茨提出，要让儿童实现教育上的成功，尤其是在儿童早期，强烈的自我意识和价值感是不可或缺的。对于年幼儿童以及帮助他们学习的成人来说，最大的挑战是在集体环境中继续利用儿童的想象力和语言发展，同时培养他们的自尊和才能，并通过鼓励来培养儿童终身学习的性格。他们需要社交技能和情绪韧性来维持他们与生俱来的创造力和想象力，并在经过多年正规教育后进入成年生活。这可以简单地解释为儿童"勇于尝试"的倾向，以及日后在社交和学业上冒险和犯错后表现出的心理韧性。

为了加深我们的理解，我希望通过提供更大的背景，能够为大家提供一个更清晰的视角，在全球背景下看看英国所处的位置。全球有 1.15 亿儿童没有学上，其中女童占 56% 以上，全世界 8.6 亿文盲中超过三分之二是女性。[10] 我们真的认为这些孩子在各自的人生中就没有成功的机会吗？

分享友谊的经历

在为儿童撰写的一份具有里程碑意义的报告《美好的童年》[11]中，理查德·莱亚德和朱迪·邓恩把儿童置于幸福生活的首位，是可以与之分享美好事物之人。这比任何其他可能的愿望都重要。

相当多的儿童认为,在他们受教育的过程中,成人不是和他们一起游戏的,而是来监督和管教他们的。相比之下,和他们一起游戏、互动和学习的是他们的同伴,他们互相分享共同的历史,分享他们所处的文化时代,从而影响他们的生活、价值观和经验。因此,如果儿童认为成人凌驾于他们之上,那么同伴和儿时朋友的重要性和影响力显然更大。

儿童的学校经历以及和朋友的关系,都为他们学习许多重要的社会技能提供了空间和条件。通过分享经验,儿童可以在不失去早期个体自我的情况下形成一种共同的同一性。当儿童从家庭中独立出来时,这一点就显得尤为重要,因为他们在社区中的认同感得到了加强。这可能让他们对自己的行为,以及他们的行为对他人的影响有一种强烈的个人责任意识。

友谊对儿童的另一方面的价值是可以提供机会,使他们经常能够安全地体验和实践社会关系中的消极方面。在学校里,在细心而敏感的成人的监护下练习冲突是有价值的,这有助于儿童发展出更成熟的伴随他们一生的社交技能。要想建立一种能够包容和处理失望和困难的稳固关系,就应该为儿童提供在以后的生活中自己处理人际关系的宝贵经验。学校中的种种社会现象为儿童提供了机会,其中有好也有坏,都有助于他们在所处的环境和文化中练习社交和关系行为。每一届学生都在学习与其所处世界中的其他人共存的技能。

技术与语言

人们认为，技术的过度使用会对儿童的语言发展产生不利影响，且与近些年来儿童某些行为的消失有关。当儿童无法用语言充分表达自己的意图时，他们会通过发脾气和破坏性行为来表达不满。儿童进入学校后，早期语言技能的有限性并不能完全归咎于技术；另外一些东西，比如整天沉迷电视，传统的那种家庭聚餐也不复存在，甚至许多家庭都在用那种儿童面朝前坐的童车，这些都可能是导致这种趋势的不利因素。

我们所处的社会重视培养年幼儿童使用电脑屏幕导航技术的能力，这样，他们在遇到大多数小学使用交互式白板时就不会处于不利地位。在这个时代，比起操场上的合唱游戏，小学生们更喜欢电话铃音；大学生可以合法地从互联网上购买他人成功的学术作品；电脑游戏已经取代了手绘漫画；对于许多人来说，互联网和在线访问已经取代了书籍和图书馆……在生活的各个方面，我们都严重依赖技术，许多人通过拥有最新款的手机或其他电子产品来衡量技术方面的进步与成功。

必须谨记的是，对于那些出生在由技术定义的时代的人来说，技术就不再是技术了。但是，我们让儿童接触技术时应该关注文化和发展方面的敏感性，并且只能在儿童的认知和概念已经建立后方可开始。

在教育过程中，我们应避免的是，儿童总寄希望于别人直接告诉他们答案，这会使得儿童养成懒惰和不知努力的习惯。最好的结果是，儿童的先天智力在使用科技时被放大，而不是被科技所界定。儿童应该有能力参与他们所生活的数字世界，而不是盲目地依赖它，更重要的是，他们已经有了对现实和概念的直观感受，他们可以挑战科技。"教育的核心是一个塑造人的过程。是的，年轻人需要工具，但最重要的是工具需要人。"[12]

对科技，我们需要展现出信心、好奇心和能力；同时，我们也需要保持专注，只有这样才不会阻碍儿童认知理解的发展。举个简单的例子，在儿童还没有掌握简单的数学认知概念之前，就教他们借助计算器上的按钮来得出正确答案，这样做是不对的。学习的欲望是每个人参与未来学习和教育的基础，儿童自己计算并理解答案是至关重要的。科技不能代替对逻辑知识和明智判断的准确应用，也不能保证科技所需的技能和兴趣的培养。

无论当今时代处于何种科技互动的环境之下，没有什么可以取代两个心灵之间的接触和交流，因为支撑我们对世界大部分理解的抽象概念可以作为新的具体知识，在两个心灵之间共享和协调。

图 9.2 他们的数码世界

挑战与困境

政治优先

2006 年,肯·罗宾逊提醒大家,为家庭和儿童制定的许多政策基于的只是政府官员的观点,政治家们"按照他们自己的想象设计了教育系统"[13]。当前,英国政府的政策聚焦于应对必要的紧缩措施所带来的冲击。上一届英国政府关注的是社会困境:贫困、忽视、功能失调和物质滥用。那些应对社会不平等的政治解决方案，不是解决儿童从小就知道的"他者"永久存在，而是建立在一种傲慢的态度之上，认为他们每况愈下，处于劣势，并且需要帮助，不论是由于逆境还是财政紧缩所致。

"确保开端"计划

英国的"确保开端"计划始于 20 世纪末，这一计划的开始及其创始理念，以及随之产生的儿童中心，显然与为最困难的社区中最贫困的家庭提供高质量的托育服务有关。专业人士大军肩负着改善这些家庭中年幼儿童生活机会的特殊任务，他们在刺耳的喇叭声和有争议的头条新闻中开始行动。不到十年，许多人低调地建立了网络卫星社区中心，提供常规医疗设施。由于没有足够的利润来维持高质量的托育服务，许多托育中心将基本的托育服务外包给本地的私人机构特许经营。这种地方性的商业模式并没有激发当地社区的想象力。因此，这变成了一个极其昂贵的实验，证明了没有什么可以取代人际关系来建立能够培养下一代的人生志向和成功的社会行为。

提供一种平衡

在促进不同的社会地位、阶层以及不同的种族、性别、文化和宗教所带来的社会差异的平衡方面，儿童早期教育工作者和儿童身边的成人发挥着特殊作用。早教工作者自身的价值观和信仰会影响他们对社会角色和刻板印象的看法，认识到这一点并进行反思至关重要。儿童早期教育工作者有责任监督自己的实践，避免因此妨碍了所有儿童体验这种平衡。在尊重的前提下有效地挑战他人的观点，可以培养包容他人的习惯。它还向儿童展示了一些必要的沟通技能，这些技能将帮助他们拓展对他人视角的理解。

参考文献

1. Ken Robinson Says Schools Kill Creativity, TED Speech, 2006.
2. Department for Education and Employment. *Schools: Building on Success*. London: The Stationery Office, 2001.
3. Department for Education and Skills. *Schools: Achieving Success*. London: The Stationery Office, 2001.
4. J. Russell. Let's Put Character Above Exam Results, *The Sunday Times*, 5 June 2011.
5. C. G. Mooney. *Theories of Childhood: An Introduction to Dewey, Montessori,*

Erikson, Piaget and Vygotsky. USA: Redleaf Press, 2000.

6. Hartshorne and May, from L. Nucci, Moral Development and Character Formation, in H. J. Walberg and G. D. Haertel. *Psychology and Educational Practice*. Berkeley: MacCarchan,1997, pp.127-157.
7. Nucci. Moral Development and Character Formation, pp. 127-157.
8. Cited in I. Siraj-Blatchford and P. Clarke. *Supporting Identity, Diversity and Language in the Early Years*. Buckingham: Open University Press, 2000.
9. DofE Research Brief RBI34, p. 25.
10. Education for All Global Monitoring Report, 2007.
11. R. Layard and J. Dunn. *A Good Childhood: Searching for Values in a Competitive Age*. London: Penguin Group, 2009.
12. T. Oppenheimer. *The Flickering Mind*. New York: Random House, 2003.
13. Ken Robinson Says Schools Kill Creativity, TED Speech, 2006.

结　语

最重要的是，童年应该是愉快且充满乐趣的。儿童看待世界的独特方式给他们以及周围的人带来了快乐。这是一段我们和我们所爱的人共同度过的自由时光。也许这是一种反映过去怀旧时代的现代理想，但是儿童发展中，那些跨越了政治框架和教育课程的许多基本方面，都包含在这种情感之中。

一个全面发展的人所具有的一些内隐特质，通常是他们童年经历和经验的副产品。待人友善，对他人有同理心，信任他人，相信自己具有很好的心理韧性，这一切都是成人和学校无法直接传授给儿童的。在这些内隐特质的形成期，儿童所经历的人际关系，决定他们一生社会行为的模板和习得模式。熟练的社交技能来源于儿童早期与他人建立的关系，以及他们做出的行为和得到的回应。为儿童提供社交自由，让他们可以用新掌握的语言，自由地与成人和同伴互动，这是非常重要的。这样做可以鼓励他们发展自主性、自我效能感和自我价值感，因为他们体验到了世界对他们的回应。收集儿童对其世界产生影响的经验，以帮助他们今后发展出同理心、善良和关心他人的能力。

我们只有及时为儿童提供相互尊重、相互交往的机会，才能促进他们的社会性和道德发展。儿童是运用语言与周围的人进行思想和情感交流的，因此语言的重要性不可低估。儿童的早期经验和人际关系发生的社会文化背景，决定了个体诸多价值观和观点的形成，这些价值观和观点将指导他们终身的人际交往。同样，拥有自由、机会和空间，与信任的成人和朋友在安全、愉快、回应式的关系中练习这些早期的社交行为和语言模式，无疑都非常重要，这样才能让儿童学会自我调节，学会对自己和他人的包容。

每一种生活经验都是在一定的背景下形成的，比如，我们出生的家庭背景以及影响我们对环境的感知和理解的文化背景和细微差别。年幼儿童是一种社会存在,他们能否成为熟谙社交的人,取决于他们经验中的语言和人际关系，而这些经验往往受他们周围成人的左右。语言对我们所有人都会产生影响，我们有责任谨慎地、有目的地在儿童身边使用语言。社会规则也是如此，儿童要能够理解这些规则,并且设立对大家都有益的公共行为的界限。

对许多儿童来说，更广阔世界的规则始于学校生活。

宽容、友善，具有同理心，能够作出有效的社交判断，以及在面对生活中不可避免的挫折时具有必要的心理韧性，这些都是我们无法直接教授的课程。它们是无形的、不可衡量的，同时也是作为一个成功的社会人不可或缺的。它们都是个体童年经历的副产品，而我们是经历中的一部分。

我们有责任为下一代提供丰富多样的第一手学习经验，不仅仅只在正规教育的背景下，而且也在我们有幸与他们分享的关系和社会交往中。所有这些在应用过程中都需有界限，而且还要适合个体所处的社会，为了我们，也为了他们。

我们有一种教育文化，即不能容忍任何失败或缺点。整个教育系统都是以目标和结果为导向的，并且社会主张将年龄相仿而非阶段相似的儿童聚集在一起。但我们不能忽视这样一个事实，即失败和错误是所有学习的核心，特别是在社会学习中。作为一种天生的社会性动物，我们融入社会一直都是误打误撞的，因为我们永远无法真正了解他人的感受或观点。对他人观点或价值观的误解足以令我们产生偏狭、无知和冷漠。所有这些都与我们希望儿童具有的社会品质格格不入。我们需要做的就是，在文化背景允许的范围内，允许并包容儿童犯一些社交性错误。

在社会关系中，成功的核心在于勇于尝试，接纳错误，对他人的回应敞开心扉。儿童可以自然地做到这些。

在一种不宽容错误的文化中，建立一段能够培养自尊心和幸福感的真挚关系，实际上就意味着冒险。谁来教我们的孩子该如何做呢？

真的希望本书对围绕早期关系和语言的相关理论观点有所贡献，希望它能够引导读者了解这些理论并在实践中加以应用。本书力求让读者认识到，对于儿童的社会性发展，存在着一些微妙的、潜移默化的影响因素。建立健康的社会关系、培养有效表达自己情感和思想的语言，对于儿童一生的幸福来说都非常重要，任何能够提高对这种重要性认识的洞见、知识和学习，都必然是朝着正确方向迈出的坚实一步。

附 录

《英国国家早期教育纲要》法定框架（2024 年版）学习与发展要求*

《英国国家早期教育纲要》法定框架简介

2008 年，英国正式颁布并实施了《英国国家早期教育纲要》（*Early Years Foundation Stage*, EYFS）法定框架，首次将 0~3 岁婴幼儿纳入早期教育范畴，为英国保教一体化发展奠定了基础，EYFS 堪称英国早期教育领域中的里程碑式文件。

EYFS 法定框架致力于：

1. 确保所有儿童早期教育机构提供高质量和一致性的教育，让每个孩子都能取得良好进步，不让一个孩子掉队；

2. 通过为每个孩子的学习和发展制订计划，并定期评估和

---

* 资料来源：本附录内容节选自 Early Years Foundation Stage Statutory Framework. For group and school-based providers. Published: 8 December 2023, Effective: 4 January 2024。

考查他们所学的知识，为他们打下坚实的基础；

3. 儿童早期教育机构的工作者之间，以及与家长和/或照护者之间建立合作关系；

4. 机会均等和反歧视的做法能确保每个孩子都能得到包容和支持。

EYFS 法定框架历经五次修订和完善，逐步形成了贯通 0~5 岁儿童的发展领域、教学指导策略、阶段评估办法等整体性体系，包括三部分内容：Ⅰ. 儿童学习与发展要求；Ⅱ. 评估要求；Ⅲ. 儿童保障与福利要求。

最新版法定框架于 2023 年 12 月 8 日颁布，2024 年 1 月 4 日开始实施。

在 EYFS 的第Ⅰ部分内容中，将"儿童的学习与发展"划分为七大领域：交流与语言，个性、社会性与情绪发展，身体发育，读写能力，数学能力，理解世界的能力，表达性艺术与设计。其中前三个领域为基础领域，后四个领域为特定领域，七大领域共涉及 17 条早期学习目标（Early Learning Goals, ELGs），这些目标是评估英国 0~5 岁儿童发展状况的重要参考。

由于这套丛书不同程度地体现或反映了 EYFS 之前版本中第Ⅰ部分的内容，特将最新版中这部分内容整理并附书后，供读者朋友参考。

I. 学习与发展要求

七大领域		早期学习目标（ELGs）	
		目标分类	具体目标
基础领域	I. 交流与语言	1. 倾听、注意力和理解力	（1）专心倾听，在课堂讨论和小组互动中，用相关问题、评论和行动回应其所听到的；（2）对其听到的内容发表评论，并提出问题以阐明其理解；（3）与老师和同伴交流时能保持对话。
		2. 口语	（1）参加小组的、课堂的和一对一的讨论，能提供自己的想法，使用最近被教过的词汇；（2）对事情可能发生的原因作出解释，在适当的时候，能使用最近读过的故事、非虚构作品、儿歌和诗歌中的词汇；（3）会在老师的示范和支持下利用完整句子表达自己的想法和感受，包括使用过去时、现在时和将来时，以及使用连词。
	II. 个性、社会性与情绪发展	3. 自我调节	（1）能表现出对自己和他人情感的理解，并开始相应地调整自己的行为；（2）设定并朝着简单的目标努力，面对其想要的东西能够等待，并在适当的时候控制自己的即时冲动；（3）集中注意力听老师讲课，即使在参与活动时也能作出适当的反应，并表现出遵循涉及几个想法或行动的指示的能力。
		4. 自我管理	（1）有信心尝试新活动，并在面对挑战时表现出独立性、韧性和毅力；（2）能解释规则的原因，明辨是非，并努力做出相应的行为；（3）能管理自己的基本卫生和个人需求，包括穿衣、如厕，以及了解选择健康食物的重要性。

七大领域		早期学习目标（ELGs）	
		目标分类	具体目标
基础领域	Ⅲ.身体发育	5.建立关系	（1）能进行合作学习及合作游戏，并做到与人轮流；（2）与成人和同伴建立积极的依恋和友谊；（3）能对自己和他人的需求表现得敏感。
		6.大肌肉运动技能	（1）能为自己和他人着想，安全地通过空间和障碍；（2）游戏时能展现出力量、平衡性和协调性；（3）能做出诸如跑、蹦跳、跳舞、单腿跳和攀爬等力量性动作。
		7.精细动作技能	（1）有力地握笔，为流畅的书写做准备，在几乎所有情况下都用三指握笔；（2）能使用一些小型工具，包括剪刀、画笔和餐具等；（3）在绘画时开始表现出准确性和谨慎性。
特定领域	Ⅳ.读写能力	8.理解	（1）能运用自己的语言和最近学过的词汇复述故事或叙述情节，以展示其对所听内容的理解；（2）在适当的情况下，能预测故事中的关键事件；（3）在讨论故事、非虚构作品、儿歌、诗歌以及角色扮演时，能使用和理解最近学过的词汇。
		9.词句阅读	（1）能说出字母表中每个字母的发音，以及至少10个双字母单音素的发音；（2）通过混合发音来阅读与其语音知识相一致的词汇；（3）大声朗读与其语音知识相一致的简单句子和书籍，包括一些常见的例外词。
		10.书写	（1）能写出可辨认的字母，其中大部分是正确的；（2）通过识别单词的发音，并用一个或多个字母表示这些发音来拼写单词；（3）能写一些别人能够读懂的简单短语和句子。

七大领域		早期学习目标（ELGs）	
		目标分类	具体目标
特定领域	V.数学能力	11.理解数字和数	（1）对数字1至10有深刻的理解，包括每个数字的构成；（2）分解（即不用计数就能识别数量）数字1至5；（3）（不借助押韵、计数或其他辅助）能心算5以内的计算（包括减法运算），以及部分10以内的计算，包括相同数相加，例如5+5。
		12.建立数字模式	（1）口头数数超过20，能认识计数系统的模式；（2）在不同情况下比较10以内的数，能识别一个数大于、小于或等于另一个数；（3）能探索和表征10以内的数字模式，包括偶数和奇数、相同数相加，以及如何均分数量。
	VI.理解世界的能力	13.过去和现在	（1）能谈论周围人的生活以及他们在社会中的角色；（2）根据其经验和课堂上所学内容，了解事物在过去与现在的异同；（3）通过课堂上读书和讲故事时遇到的场景、人物和事件来理解过去。
		14.人、文化和交流	（1）用观察和讨论的方法，以及故事、非虚构作品和地图中的知识描述其所处的环境；（2）利用其经验及在课堂上所读的内容，了解自己国家不同的宗教和文化群体之间的异同；（3）借助故事、非虚构作品中的知识，适当时也会借助地图，解释自己国家与其他国家间的异同。
		15.自然界	（1）探索周围的自然界,观察并绘制动植物的图片；（2）利用自己的经验及课堂上读到的内容，了解周围的自然界，并对比环境间的异同；（3）理解周围自然界中的一些重要过程和变化，包括季节和物质状态的变化。

七大领域		早期学习目标（ELGs）	
		目标分类	具体目标
特定领域	Ⅶ.表达性艺术与设计	16.用材料创作作品	（1）安全地使用和探索各种材料、工具和技术，去尝试不同颜色、设计、纹理、形式和功能；（2）分享自己的作品，并解释其制作过程；（3）在扮演故事中的角色时，能利用道具和材料。
		17.想象力和表达力	（1）与同伴和老师一起创作、改编和叙述故事；（2）能唱一些耳熟能详的童谣和歌曲；（3）能与他人一起演唱歌曲、朗诵儿歌和诗歌、叙述故事，并适时试着与音乐同步。

图书在版编目（CIP）数据

儿童的社商：奠定关系和语言的基石/（英）托妮·巴肯著；刘文译. -- 北京：商务印书馆，2024.
ISBN 978-7-100-24699-6

Ⅰ.G610

中国国家版本馆 CIP 数据核字第 2024QK7969 号

权利保留，侵权必究。

儿童的社商：奠定关系和语言的基石
〔英〕托妮·巴肯　著
刘文　译

商　务　印　书　馆　出　版
（北京王府井大街36号　邮政编码100710）
商　务　印　书　馆　发　行
山东临沂新华印刷物流集团
有　限　责　任　公　司　印　刷
ISBN 978-7-100-24699-6

2025年1月第1版　　　　开本 889×1194　1/24
2025年1月第1次印刷　　印张 10½
定价：68.00元

感谢乔智大叔为本书提供精美插图

自称"幼儿园专业看门 20 余年"的乔智大叔,以稚拙的笔触、温情的视角,每天用一幅小图传递着关于孩子、幼儿园和教育的思考,其中一些已成为经典,在幼教圈中广为流传。